limit sizsiniz

KENDİ KANATLARIYLA UÇMA DERSLERİ

"Açılmamış kanatların
büyüklüğü bilinmez!"

Andre Gide

MÜMİN SEKMAN,

Kişisel gelişim ve *sosyal başarı* türünde kitapların yazarıdır.
"Başarılı olmak öğrenilebilir" düşüncesini savunan yazarın kitapları:

1. Ya Bir Yol Bul, Ya Bir Yol Aç, Ya Da Yoldan Çekil! (26. baskı)
2. Kesintisiz Öğrenme (10. baskı)
3. Türk Usulü Başarı (8. baskı)
4. Başarı Üniversitesi (14. baskı)
5. Kişisel Ataleti Yenmek (20. baskı)
6. Çevik Şirketler: Kurumsal Ataleti Yenmek (5. baskı)
7. Her Şey Seninle Başlar

7.5 Her Şey Seninle Başlar 9+ (Çocuklar için başarı kitabı)

8. Limit Sizsiniz

Bu kitaplardan başka, sıfırdan zirveye çıkanların başarı öykülerinin anlatıldığı *"İnsan İsterse: Azmin Zaferi Öyküleri"* dizisinin danışmanlığını yaptı.

İstanbul'da doğan yazar, *Ankara Üniversitesi Hukuk Fakültesi*'ni bitirdi ama hukuk alanında hiç kariyer yapmadı. Başarılı insanları inceleyip, nasıl başardıklarını keşfedip, başarılı olmak isteyenlere anlatmayı meslek ve misyon olarak seçti.

15 yıl boyunca başarı üzerine düşündü, başarı üzerine konuştu ve başarı üzerine kitaplar yazdı. Birçok büyük kuruma başarı semineri verdi. Zirvedeki bazı isimlere 'başarı yönetimi' danışmanlığı yaptı. Bir dönem *Çocuklar Duymasın* dizisine senaryo danışmanı oldu.

Kişisel Gelişim Merkezi'nin (kigem.com) kurucusudur. Kigem.com Türkiye'nin *ilk* kişisel gelişim içerikli internet sitesidir ve Türkiye'de 'Beyin Haftası' kutlamalarını yürütmektedir.

Türkiye'de 'kişisel gelişim uzmanı' titrini *ilk* kullanan kişi olan Mümin Sekman, *'dünyanın metrekaresine düşen başarılı insan sayısını artırmayı'* kişisel misyonu sayıyor.

Rakamlarla Mümin Sekman'ın Kariyeri (Ocak 2010)

- Bugüne kadar 8 kitabı yayınlandı.
- Türkiye'nin 40 şehrinde seminer verdi.
- Konferanslarına 70.000'den fazla kişi katıldı.
- Kitaplarının toplam baskı sayısı 1.000.000'u geçti.
- Limit Sizsiniz kitabı 2 yılda 250.000 adet baskı yaptı.
- "Her Şey Seninle Başlar" ise 5 yılda 700.000 baskıyla Türkiye rekoru kırdı.

www.muminsekman.com

mümin sekman

limit sizsiniz

KENDİ KANATLARIYLA UÇMA DERSLERİ

Alfa Yayınları **1891**
Kişisel Gelişim **62**

LİMİT SİZSİNİZ

Mümin Sekman

1. Basım : Mart 2008 (100.000 adet)
3. Basım : Ocak 2010 (100.000 adet)
ISBN : 978-975-297-990-1

Yayıncı ve Genel Yayın Yönetmeni M. Faruk Bayrak
Yayın Yönetmeni ve Editör Rana Gürtuna
Pazarlama ve Satış Müdürü Vedat Bayrak
Kapak Tasarımı Emrah Yücel
Emrahyucel.com

Baskı ve Cilt
Melisa Matbaacılık
Tel: (212) 674 97 23 Faks: (212) 674 97 29

Alfa Basım Yayım Dağıtım Ltd. Şti.
Ticarethane Sokak No: 53 34410 Cağaloğlu İstanbul, Turkey
Tel: (212) 511 53 03 - 513 87 51 - 512 30 46 Faks: (212) 519 33 00
www.alfakitap.com
info@alfakitap.com

"Yerin seni çektiği kadar ağırsın,
Kanatların çırpındığı kadar hafif
Kalbinin attığı kadar canlısın."
Can Yücel

zi daha çok sevdiğimi anlayamayasınız diye alfabetik sıraladım isimlerinizi!

Her Şey Seninle Başlar çıktıktan sonra katkıda bulundukları için o kitabın teşekkür listesine giremeyen, ama minnettarlık duygularımı da söylemeden duramayacağım bazı insanlar var sırada. Kitabı TV programlarında tavsiye eden Hülya Avşar ve Seda Sayan'a; geleneksel dostlar Birol Güven ve Tamer Karadağlı'ya, kitapla fotoğraf çektirip kitabın "okur yüzü" olan Deniz Akkaya'ya, telefonlarıyla beni onore eden süper star Ajda Pekkan ve başbakan yardımcısı Cemil Çiçek'e de teşekkürler.

Takdir edersiniz ki, kitaplar beynin çocuklarıdır ve yazarların beyni suyla çalışmaz! Kitap yazarken kendime rüşvet olarak verdiğim, binlerce kahve ile yüzlerce "etipuf" ve "çubuk kraker"e de huzurlarınızda özürlerimi sunuyorum!

Üzgünüm, yazmak için sizi yemek zorundaydım!

İÇİNDEKİLER

ŞU HAYATI NASIL YAŞAMALI?

Hayata geldiğimiz yer ile *hayatta gelmek istediğimiz yer* arasında geçiyor ömrümüz.

Zorluklardan seçmeli hayatlar yaşıyoruz. İsteklerimiz imkânlarımızla orantılı değil. Seçtiğimiz her şey için, başka bir şeylerden vazgeçmemiz gerekiyor. Sevdiğimizi seçtikçe mutlu, seçtiğimizi sevdikçe huzurlu oluyoruz.

En çok istediğimiz şeyler hiç istemediklerimizle iç içe geçmiş halde çıkıyor karşımıza. İstediğimiz birçok şeye ulaşmak için istemediğimiz birçok şeye katlanmak zorunda kalıyoruz. Sevmediklerimizi sevdiklerimize bedel koyuyor hayat.

Hayatımızı şekillendiren bazı şeyler elimizde, bazıları değil. Hayat oyununun bazı kuralları belli, bazıları değil. *Bazılarımız şartlara şekil veriyor, bazılarımıza şartlar şekil veriyor.* Bazılarımız dünya rekoru kırmak için çalışıyor, bazılarımız "dünya dekoru" niyetine yaşıyor.

İşimiz ile içimiz arasında geçi(ni)p gidiyoruz. Toprak üstünde farklı sınıflarda yaşayıp, toprak altında eşitleniyoruz. "Avuçlarımız sımsıkı halde dünyaya gelip, ellerimiz açık şekilde dünyadan gidiyoruz."[1]

Yaşımız büyüdükçe hayallerimiz küçülüyor, hayallerimiz küçüldükçe kıskançlıklarımız büyüyor.

Hem yaratıcı, hem yıkıcı taraflarımız var. Kendimizi bir yandan inşa, bir yandan tahrip ediyoruz. Cesaret ile korku, bilgelik ile cehalet, zarafet ile zorbalık, iyilik ile kötülük, şefkat ile şiddet aynı anda içimizde yaşıyor, çatışıyor, bize egemen olmaya çalışıyor. İçimizdeki dengesizliklere rağmen dengeli bir hayat kurmaya çalışıyoruz.

Kendin yap mobilyalar gibi hayatımız. Evine aldığı modüler mobilyayı kendi başına monte etmeye çalışanlar gibi yaşıyoruz. *Biraz kılavuza bakıyoruz, biraz birbirine uyan malzemelere. Elimiz alıştıkça aklımıza güveniyoruz, kafamız karıştıkça kılavuzlara.* Hepimizin derdi, parçaları doğru birleştirip, anlamlı ve işe yarar bir şey ortaya çıkarmak.

Beynimiz hayat dekoderi gibi çalışıp olan biteni çözmeye çalışıyor. Acaba tersten gelseydik daha iyi mi çözerdik hayatı? Ölümden doğsaydık hayata. Önce yaşlılığı yaşasaydık. Sonra orta yaşı. Sonra gençliği. Sonra çocukluğu. Sonra da bebek olup doğumla ölseydik. Neden olamasın ki? *Şimdiki gibi önce yaşayıp sonra anlamazdık hayatı, önce anlayıp sonra yaşardık.* Acaba hangisi daha iyi olurdu?[2]

Neden başarılı olmak bazılarımıza bir filin basket topu üzerinde dört ayağıyla durması kadar zor geliyor?

Hepimiz *kendimiz için, kendimize göre, kendimiz tarafından* tasarlanmış bir hayat yaşamak istiyoruz. Birçoğumuz bunu başaramıyoruz. Neden başarılı bir hayat yaşamak bazılarımıza bir filin dört ayağıyla bir basket topu üzerinde durabilmesi kadar zor geliyor?

Bir düşünün, şu yaşlı gezegende bugüne kadar kaç insan yaşadı? Bazı tarihçilere göre 100 milyar kişi!

Bunların ne kadarı başarılı olmayı istedi? Muhtemelen, yüzde doksanı!

Ne kadarı bunu başarabildi? Ne kadarı hayal ettiğini hayatında görebildi? Belki yüzde onu, belki yirmisi! Yapabilenler nasıl yapabildi? Yapamayanlar neden yapamadı?

35 yaşına kadar Makedonya'dan Hindistan'a her yeri fetheden Büyük İskender'i, Korsika'nın bir köyünden çıkıp Avrupa'yı yerinden oynatan Napolyon'u, babasına çocukken verdiği sözü tutmak için 50 bin askerle Alp dağlarındaki kayaları eriterek aşıp Roma'ya saldıran Kartacalı Hanibal'i, 21 yaşında gemileri karadan yüzdürüp İstanbul'u fetheden "Fatih" Sultan Mehmet'i bu kadar büyük başarıya götüren iç güçler nelerdi acaba?

Az değil, 100 milyar insan yürüdü bu dünyanın üzerinde. Kimi iz sürdü, kimi iz bıraktı. Geldiler, kendilerince yaşadılar ve gittiler. Bazıları kum tanesi kadar önemsenmediler, bazıları adlarına kumdan anıtlar diktirdiler. Bazıları sadece geçinme derdindeydi, bazıları ise ismini tarihe geçirme. Tarih, ne görkemli bir insan galerisi. *Üç damlalık özet: Kan, ter ve gözyaşı!*

Tarihi yapanlar ve tarihin malzemeleri!

Mark Twain'e göre insanlar ikiye ayrılır: *Tarihi yapanlar* ve *tarihin malzemeleri!*

Tarihi yapanların öykülerini biliyoruz, ya "malzemelerin" öyküleri? Tozu dumana katanları biliyoruz ya tozu dumanı yutanların hikâyesi? Baş aktörleri biliyoruz, ya fondakiler?

"Büyük" İskender'e karşı savaşan Pers ordusunun en öndeki o "küçük" askerinin öyküsü neydi acaba?

"Dünya tarihi büyük adamların biyografilerinden ibarettir," diyen Thomas Carlyle'e inat, bugüne kadar yaşamış tüm "sıradan" insanlar içinden bir kişiyle röportaj yapma imkânınız olsaydı, kimi seçerdiniz?

İlk atom bombasının düştüğü yere *en yakın kişi* her kimse, o olabilir mi mesela?

Belki elinde market poşetiyle alışverişten dönen biriydi, belki de o an akşam evde yemekte ne olduğunu düşünüyordu ve aniden kafasına atom bombası düştü!

Sıradışı sonuçları olan şeylerin sıradan bir şekilde gelişmesi ne ürkütücüdür.

Acaba tarihteki en büyük başarıyı kim gerçekleştirdi?

Resmi tarihe geçmese de, tarihte geçen en büyük başarı öyküsü neydi acaba?

O en büyük başarıyı gerçekleştiren kimdi?

Onun başarıya dair bildiği, diğer insanların bilmediği neydi? Onun "fabrika ayarlarında" olup da diğer insanlarda olmayan neydi? Onun gündelik hayatta yapıp da diğer insanların yapmadıkları neydi? Onun başarı hakkında inandığı, diğer insanların inanmadığı neydi? Onun ailesinde gördüğü, diğer insanların görmediği neydi?

Onun bildiğini bilerek onun yapabildiğini yapabileceğimizi düşünmüyorum; başarı bilginin ötesinde, yetenek, şartlar, karakter özelliği, ilişkiler, fiziksel yapı gibi çok sayıda değişkene bağlıdır ama yine de onun tüm bildiğini bilerek, onun kadar başarılı olamasak da, şu andaki halimizden daha iyi bir yerde olabilirdik, diye düşünmeden edemiyorum!

İnsanlık tarihi beş bin yıldır bu sırrın peşinde: "*Başarılı insanların bildiği, diğer insanların bilmediği nedir?*" Neden hayatta bazıları başarılı oluyor, bazıları başarısız? Neden aynı ailenin iki çocuğundan biri başarılı oluyor, diğeri başarısız? Neden aynı şartlarda yaşayan iki insandan biri başarılı oluyor, diğer başarısız? Sözün kısası; insanları başarılı ya da başarısız yapan nedir?

Daha çok başarılı olmak için neye ihtiyacımız var? Tutku? Teknik? Cesaret? Bilgelik? Zarafet? Yetenek? *Kendi ayakları üzerinde durabilmek ve kendi kanatlarıyla uçabilmek için insana ne gerek?* Bir insan aklı ve yüreği ile kendi gücüne dayanarak nasıl ve nereye kadar ilerleyebilir?

Çin atasözlerinden Hint edebiyatına, Antik Çağ Yunan felsefesinden modern Amerikan iş terminolojisine, Anadolu tasavvuf kültüründen Orta Asya Türk geleneklerine kadar geniş bir yelpazede bu soruların cevabını aramaya var mısınız?

YAŞAMAK İÇİN YÜKSELMEK Mİ, YÜKSELMEK İÇİN YAŞAMAK MI?

Antik Çağ mitolojisindeki en sevdiğim karakterlerden biri İkarus'tur!

Ege zeytiniyle beslenmiş insanların hayalinden doğmuştur. İnsanın limitlerini zorlaması üzerine tutkulu bir efsanedir.

İkarus'un babası Daidalos, çok başarılı bir mucit ve mimardır. Kıskanç insanların kışkırtması sonucu, kralı tarafından sürgün edilince, Girit Adası'na gider.

Geldiğini öğrenen Girit Kralı Minos onu hemen sarayına davet eder. Kralın başı kendi çocuğu olan bir canavarla derttedir. Karısı tanrılar tarafından cezalandırılıp yarı boğa yarı insan bir çocuk doğurmuştur. Kral, Daidalos'tan Minotaurus adlı bu insan yiyen canavarı hapsedecek bir yer yapmasını ister.

Daidalos üstün zekâsıyla içinden bir türlü çıkılamayan bir labirent (labyrnthos) yapar ve canavar oraya konur. Canavar için Atina gibi çevredeki şehirlerden toplanan 7 kadın 7 erkek kurban olarak labirente atılmaktadır.

Zamanla Atina halkı bu duruma isyan eder ama Girit kralına karşı bir şey yapmazlar. Halk hazır olunca, bir gün halk kahramanı da çıkagelir.

Atinalı üstün bir savaşçı olan Thesseus, kurban adayı olarak Girit'e gider. Labirentte canavarla savaşıp onu öldürmek ister ama labirentin karışıklığında yönünü şaşırır. Daidalos'a başvurur. Daidalos da bir iplik yumağını alıp, labirentin girişine bağlayarak yürürse, kaybolmadan başladığı yere geri dönebileceğini söyler.

Thesseus labirente girer, yönünü kaybetmeden ilerler, sonunda savaşarak canavarı öldürür. Canavarı öldürünce kahraman olur. Bu arada kralın kızı da ona âşık olur! Thesseus kralın kızını da alarak, Girit'ten gider. Kral olanları öğrenince çok kızar.

"Ne çok alçaktan uç, ne çok yüksekten!"

Kral, Daidalos'un Thesseus'a labirentin sırrını açtığını düşünüp, onu cezalandırmak için oğlu İkarus'la beraber kendi yaptığı labirente kapatır.

Becerikli mimar nasıl kurtulacaklarını düşünmeye başlar. O kadar iyi bir labirent yapmıştır ki, kendisi bile içinden çıkamamaktadır!

Sonunda başka bir fikir bulur. Kuşların bıraktığı tüyleri toplayarak, balmumuyla birleştirip kendine ve oğluna birer kanat yapar. Kanatları sırtlarına yapıştırıp kollarına bağlarlar.

Daidalos oğlu İkarus'a, kanatlar balmumundan yapıldığı için çok alçaktan da çok yüksekten de uçmamasını tembih eder. Çok alçaktan uçarsa nemin kanatları ağırlaştırarak uçmasını engelleyeceğini, çok yüksekten uçarsa güneşin balmumunu eritip kanatlarını yakacağını söyler.

Ona sıkı sıkıya tembih eder: *"Ne çok alçaktan uç, ne çok yüksekten!"*

Genç İkarus kanatlarını takar ve kendisini hava boşluğuna bırakıp uçmaya başlar.

Giritliler şaşkın bir şekilde aşağıdan onları seyrederken, onlar özgürlüğe uçarlar.

Takma kanatlarla uçarak yükseldikçe İkarus'a bir şeyler olmaya başlar. Özgürlüğün, uçmanın ve kendi kanatlarıyla yükselmenin keyfini aldıkça, kendinden geçer İkarus. *Babasının tüm söylediklerini unutup, gözünü güneşe diker.* Ona dokunmak istercesine, tüm gücüyle güneşe doğru yükselmeye başlar. Tüm sınırları unutup yükseldikçe yükselir.

Güneşe yaklaştıkça, İkarus'un balmumundan yapılmış kanatları erimeye başlar. İkarus durmak bir yana daha da yükselir. Sonunda kanatları eriyip kopunca İkarus Ege Denizi'ne düşer, sularda kaybolur. Güneşe ulaşma tutkusu hayatına mal olmuştur. İkarus güneşe ulaşamamıştır ama sınırsızca yükselme tutkusuna sahip insanların ikonu olmuştur!

Kurbanlar, tutkulular, liderler ve mühendisler!

Bu mitolojik öykü üzerinden başarı yolunda yürüyen insanları dört gruba ayırmayı severim: Labirentte yolunu kaybedip canavarlara "kurban" olanlar, "mantık mühendisi"

Daidalos'lar, "hayal tutkunu" İkarus'lar ve lider olmak için doğmuş Thesseus'lar.

Şimdi bunları biraz yakından tanıyalım.

1. Labirent şaşkını "kurban"lar.

Hayatları *alçak sürünme* halinde geçer. Kafaları karışık halde hayatın labirentlerinde kaybolmuş; ya kendine kanat yapıp uçmayı düşünememiş ya bunu düşünmüş ama becerememiş ya da kanatlarına güvenip uçmaya cesaret edememişlerdir. İçlerinde hem *yükselme tutkusu* hem *yükseklik korkusu* bulunur. Bir zamanlar kendi aralarında yaşamış birilerini gökyüzünde gördüklerinde, onunla eskiden bir arada yaşamış olmakla övünmek teselli ikramiyeleridir. Toprak gibidirler, dünyanın yükünü onlar çekerler. Biraz *ayak altı bir hayatları* vardır. Bu yüzden içleri sıkıntı ve ders doludur. En kalabalık gruptur. Güçlerini sayılarının çokluğundan alırlar.

2. Daidalos(çu)lar.

Bunlar mantıklı, meslekli, orta halli insanlardır. Uçabilmeyi severler ama fazla yükselmekten korkarlar. Her şeyde "denge" arar, iyi olan şeylerin dahi fazlasından uzak dururlar. Sahip olduklarını kaybetmekten çok korktuklarından fazla risk alamaz, kaybetme ihtimali olan oyunu pek oynamak istemezler. *Küçük ve orta boy başarıların insanıdırlar. İşlerinde iyi olduklarından başarısız olmazlar ama efsanevi işler de başaramazlar.* Çünkü efsane olmak için gereken sıradışı cesareti gösteremezler. Sahip oldukları *orta sınıf dengeciliği* ve mantıklılık kaygısı onları sınırlandırır. Orta karar hayatlar yaşarlar. Dengeli ve düzenli olan, ideal olandır onlar için. Belirsizlik ve risk toleransları düşüktür. Sayıları labirentte kalanlardan daha azdır ama mesleki becerilerinden ve üstün zekâlarından gelen güçleri vardır.

3. İkarus(çu)lar.

Tutku ve hayal dolu insanlardır. Ampul nasıl elektriği ışığa çeviriyorsa, bunlar da tutkuyu harekete çevirirler. Yükselmek için yaşarlar. Yükseklik korkusu nedir bilmezler. *Çoğu kez cesaretleri, donanımlarından daha güçlüdür.* Yükselme potansiyeli kadar düşme potansiyeli de taşırlar. Doğrularını da yanlışlarını da büyük yaşarlar. Sahip oldukları onlara sahip olamaz, kazandıklarını kaybetmekten korkmazlar. En iyi mucitler, öncüler ve kaşifler İkarus ruhlulardan çıkar. Ayak basılmamış yerlere gitme cesareti olan, hayatın *sınır boylarında* yaşayan insanlardır. Hayallerine obsesif derecede odaklı ve bağlıdırlar.

4. Thesseus(çu)lar.

Lider olmak için doğmuşlardır. *Alan hâkimiyetleri* çok yüksektir. Mücadelecidirler. Ulaşmak istedikleri hedefe göre şekil alırlar. Hedeflerinin gerektirdiği kadar donanımlı, hedeflerinin gerektirdiği kadar cesurdurlar. Büyük başarıların ve büyük aşkların insanıdırlar. *İkarus'un tutkusu ile Daidalos'un tekniğini uygun dozlarda alıp kendi güçlü kişiliklerinde birleştirmişlerdir.* Daidalos iyi hesapçıdır ama fazla risk almaz, İkarus çok risk alabilir ama iyi hesap yap(a)maz. Thesseus'lar hem risk alırlar hem de hesaplarını bilirler. Kitlelerin *isteyip de yapamadıklarını* yapıp, *geniş kitlelerin yararına işler başarıp* onların "kahramanı" olurlar.

Daidalos olmak okulda öğrenilebilir ama İkarus ve Thesseus olmak o kadar kolay değildir. Biraz doğuştan gelen *eği-*

lime biraz da kişinin kendi kendine verdiği/aldığı *eğitime* bağlıdır.

Sizin ruhunuz hangi gruptan? Kendinizi bu dört gruptan hangisine ait hissediyorsunuz?

Yukarıdaki öyküde geçen dört insan türü arasındaki temel fark şudur: *Kurbanlar sürünerek yaşar! Daidalos yaşamak için yükselir. İkarus yükselmek için yaşar. Thesseus hem yükselir hem yaşar.*

Daidalos, İkarus ile Thesseus birbirine *üstün* değildir, sadece *farklıdır.* Daidalos fondaki insandır. Başarı için lojistik destek sağlamakta üstüne yoktur. İkarus *sınır tanımaz yükselişiyle* efsane olmuştur. Thesseus ise *durumun gereğini yapıp sonuç alan* başarılı bir liderdir.

Siz şu andaki hayatınızla kendinizi bu dört gruptan hangisine ait hissediyorsunuz?

Montaigne Denemeler'inde, *"Her insanda insanlığın bütün halleri vardır,"* der. Sizin içinizde de bu dört kimliğe ait parçalar olduğuna eminim ama birisi daha baskındır. Şu anda hangi ruh sizde daha fazla egemen?

Ben kendi cevabımı düşünürken, beynimin Daidalos, kalbimin ise İkarus gibi çalıştığını fark ettim.

Beynim Daidalos'a benziyor. Bir başarı mühendisi gibi, son derece matematiksel çalışır. Hesap bilir, mantıklı ve analitiktir. Kendine bir "misak-ı milli" sınırı çizer, içini en iyi şekilde kontrol edip yönetmeye (ç)alışır. Sınırları onun kontrol ve konfor alanıdır. Yapacağı işle ilgili doğal ve sosyal yasaları öğrenir ve onları dikkate alarak hareket planı yapar. Gücünü de, haddini de bilir. Mantıksız isteklere hükmetmeyi ve akla itaat etmeyi erdem sayar.

Kalbim ise İkarus'tur; sınır tanımaz, bedelleri de ödülleri de kaale almaz. Hesapsız ve eyvallahsızdır. Cesur olmak zamanı geldiğinde korkuyu müttefik edinmiş bir aklı "geçici olarak servis dışı" bırakabilir. Alçaktan sürünerek yaşamaktansa yüksekten süzülerek çakılmayı tercih edebilir. Yüksek kayalardan okyanusa çivileme atlayan Brezilyalı çocuklar gibidir. Yapılamamışı denemeyi, sınırların ötesine geçmeyi, tutkulu yaşamayı sever.

Beynim *başarısız olmadan başarılı olmanın* yollarını arar ama kalbim başarısızlıktan korkmaz; "Hayat, her halinle yaşarım seni!" anlayışındadır. Beynim hep "nasıl yapılır"a kafa yorar, kalbim "ne kadar ileri gidilebilir"e. Beynim içini daha rahat kontrol edebilmek için *sınırlar çizmeyi* sever, kalbim ise bir yüksek atlamacı gibi o *sınırların üstünden sırt üstü ileri atlamayı!*

Eğer kendinizi değiştirmek elinizde olsaydı olmak istediğiniz karakter hangisi olurdu? İkarus gibi sınırları zorlayarak yaşamak mı isterdiniz, yoksa Daidalos gibi kurallara uygun ve güvenli bir hayat yaşamayı mı? Yoksa labirentte kaybolmuş hayat şaşkını "kurban"lardan mı olmak isterdiniz? Ya da o kurbanları kurtaran bir "kahraman" mı?

Birini seçebileceğiniz gibi, "ortaya karışık" bir tasarım da yapabilirsiniz kendinize!

Bu kitabın önerdiği başarı modeli: İkarus'un tutkusu, Daidalos'un tekniği, Thesseus'un cesareti!

Bu kitap İkarus'un tutkusu, Daidalos'un tekniği ile Thesseus'un cesaretini bir araya getirmeyi amaçlamıştır. *Büyük ve başarılı bir hayat için, önce İkarus gibi tutkulu ve büyük hayaller kurmak, sonra Daidalos gibi gerçekleştirme araçlarını ve planını üretmek, en sonunda da Thesseus gibi cesurca mücadele edip sonuç almak gerekir.*

İkarus'un tutkulu kalbini, Daidalos'un teknik beynini, Thesseus'un cesur bileğini aynı kişilikte birleştirmiş birinin sırtını kim yere getirebilir ki?

Bu kitabın merkezinde üç anahtar kelime var: Tutku, teknik ve cesaret! Bu üç kelime kilit başarı faktörleridir.

Teknik, kişinin bilgisi ve donanımıdır. Tutku, güçlü bir isteği ifade eder. Cesaret ise kendine güvenerek ileri atılmaktır. Bilgi cesaretin aklıdır, cesaret aklın provokatörü. Tutku ise başarının yakıtıdır.

Başarı ile ilgili en büyük sorun, bu üç şeyin çoğu kez aynı kişide bir araya gelmemiş olmasıdır. Çoğu bilgili cesur değildir, çoğu cesur ise bilgili olmayı küçümser. Bazı tutkulular bilgili değildir, çok donanımlı bazı kişiler ise tembeldir.

Donanım ile cesaret de çoğu kez aynı kişide aynı oranda birleşmez. İkarus'un cesareti donanımından daha güçlüydü, Daidalos'un ise donanımı cesaretinden. Kurbanların donanımı da cesareti de yeterince yoktu. Thesseus hem "hedefinin gerektirdiği kadar" donanıma sahipti hem de düşmanından korkmayacak kadar cesarete.

Başarıya yürüyen bir insanın bir bacağı donanım ise, diğeri de cesarettir. *İnsan donanımsız olursa üzerine bastığı bacağı kendisini taşıyamaz, cesur olmazsa diğer ayağını bir adım ileri atamaz.* Tutku ise içteki ilerleme isteğidir. Tutku yoksa, kişi olduğu yerde atalet halinde kalacağı için, cesaret de donanım da bir işe yaramayacaktır.

Bu kitap başarı limitlerimiz hakkında: Hiçbirimiz limitsiz değiliz ama şu andaki limitlerimize de mahkûm değiliz.

İnsanın başarı limiti tutkusuna, cesaretine ve bilgisine bağlı olarak genişler ya da daralır. Şu andaki limitlerimizle bu kadar başarabiliyorsak; kendimize eklemeler yaparak, aklımıza akıl ekleyerek, cesaretimizi güçlendirerek, tutkumuzu ateşleyerek daha büyük işler başarabilir hale gelebiliriz.

İnsanın başarı limiti sabit değil esnektir. "Yapamadıklarımız" listesinin önüne "henüz" ibaresi koymak gerekir. Nasıl ki dün yapamadığımızı bugün yapabiliyorsak, kişisel limit artırımına giderek, bugün yapamadığımızı da yarın yapabilir hale gelebiliriz.

Hiçbirimiz sınırsızlık anlamında "limitsiz" değiliz ama şu andaki limitlerimize de mahkûm değiliz. Hayatımız dar geliyorsa, kabuklarımızı kırıp hayatımızı bir beden büyütebiliriz. Büyüttükçe de, daha fazla büyütme kapasitesine ulaşabiliriz. Sınırımızı zorladıkça başlangıçta aklımıza bile gelmeyen ölçekleri aşabiliriz.

Bu kitabın iki temel mesajı var.

Birinci mesajı: *Başarınızın limiti sizsiniz!*

Tutkunuz, tekniğiniz ve cesaretinizle limiti koyan sizsiniz. Kendiniz kadar başarılı, kendiniz kadar başarısız olacaksınız. İnsanlar da kitaplar gibidir, nihai değerleri "içindekiler" kadardır!

Kitabın ikinci mesajı: *Eğer önce içinde yaşadığınız kafesten çıkar, sonra da kafesi kafanızın içinden çıkarabilirseniz, kendi kanatlarınızla uçabileceğiniz en ileri noktaya gidebilirsiniz.*

Bu kitabın "içindekiler", kendi kanatlarıyla uçma *becerileri, limitleri* ve *şekilleri* hakkındadır.

Kitapta kendi kanatlarıyla uçabilmek üzerine üç türlü bilgi bulacaksınız.

Birincisi, kendi kanatlarıyla uçmanın psikolojik yasaları. Bu bilgi, iç dünyamızı düzenlememiz için. *İkincisi, uçarken uyulması gereken fizik yasaları.* Bunlar da İkarus gibi kanatları yakmamak için bilinmesi gereken doğa yasaları. *Üçüncüsü ise sosyal yasalar.* Toplumsal hayatta kendi ayakları üzerinde durabilmek ve diğer insanlarla ilişkileri yürütebilmek için izlenmesi gereken sosyal stratejiler.

Kitapta *kendi kanatlarıyla uçmak* kavramı psikolojik, sosyolojik ve doğa bilimleri boyutuyla ele alınıp bazı soruların cevabı aranmıştır. *Bir insan bilgisi, tutkusu ve cesareti ile kendi gücüne dayanarak nasıl ve nereye kadar ilerleyebilir? İnsan başaramayacağını sandıklarının sınırını ne kadar zorlamalıdır? Kendi kanatlarıyla uçarak yükselmek isteyenlerin izlemesi gereken yol haritası nedir?*

Şimdi Antik Yunan mitolojisinden, Kadim Hint edebiyatına geçelim. Kendi kanatlarıyla uçmak için ilk denemelerini yapan bir şahin yavrusunun hikâyesine kulak verelim.

KENDİ KANATLARIYLA YÜKSELMEK İÇİN DOĞANLAR: BOŞLUKTA KANAT AÇMADAN, UÇUP UÇAMAYACAĞINI BİLEMEZSİN!

Bir çocuğun en büyük avantajı neyi yapamayacağını henüz öğrenmemiş olmasıdır!

Çocuklar bu yüzden sürekli sınırları zorlar, kendi en iyi yapabileceklerini ortaya koymaya çalışırlar.

Özellikle sürünmekten yürümeye yeni geçmiş çocuklar her işlerini kendileri yapmak isterler. Kıyafetlerini kendileri giymek isterler, tabakları taşımak isterler. Bir şeyin yapılmış olması değil, o işi *kendilerinin yapabilmiş olması* onları mutlu eder.

Her insan kendi kanatlarıyla uçma isteğiyle doğar ancak zamanla kafası "kafeslenerek" bu isteği unutturulur. Her çocuk, dozu farklı ölçeklerde de olsa kendi kanatlarıyla uçmak, kendi yapabildiğinin en iyisini göstermek için çabalar ama zamanla anne-babalar onları "eğiterek" çocuklarının bu tutkularını köreltirler![3]

Sırada, bir an önce kendi kanatlarıyla uçmak için yanıp tutuşan bir yavru kuşun hikâyesi var. Kadim Hint öykü kitabı *Kelile ve Dimne*'den aldığım bu hikâyeyi, kendi kanatlarıyla ilk uçma denemelerinde yaşanabilecekleri temsil ettiği için seçtim.[4]

İki şahin severek evlenmişti.

Arazinin en yüksek tepesine kurdular yuvalarını.

Aşklarının görkemli (k)anıtıydı o yükseklik.

Yuvalarını en güzel otlarla süslediler.

Rüzgâr her estiğinde ıslık çalan küçük dallar koydular kenarlarına. Müziksiz mutlu olamayacaklarını düşünenlerdendiler.

Bir gün bir yavruları oldu.

Mutluluktan "uçuyorlardı!"

Sürekli onu seyrediyorlardı.

Onun büyümesinin hiçbir anını kaçırmak istemiyor, her hareketini beyinlerine kaydediyorlardı.

Çok özel bir yavruları olduğunu düşünüyorlardı. Çok hareketliydi. Kendine çok güveniyordu. Sınırları zorlamaktan çekinmiyordu. Gel zaman git zaman yavru şahin büyümeye başladı. Parlak tüyleri çıkıyordu. Geleceği de parlak görünüyordu.

Boşlukta kanat açmadan uçup uçamayacağını bilemezsin.

Yavru şahin bir an önce "büyük" bir şahin olmak istiyordu.

Kanatlarının güçlendiğini hissediyor, pençesi ve gagasını sürekli yuvadaki dallara sürterek keskinleştiriyordu. Tırnakları henüz minik olsa da gelecekte keskin bir kılıca benzeyecekti.

O, yükseklerde uçmak için doğmuştu.

Olduğu yerde duramayanlardandı.

Tüyleri çıktıkça, "Benim de anne-babamdan eksiğim yok," diye düşünüyordu: "*Onların yaptığı her şeyi ben de yapabilirim!*" Kanat pazularını sıkıyor, babasının kanatlarıyla kıyaslıyordu.

Sık sık soruyordu: "Baba ben ne zaman uçacağım?"

"*Boşlukta kanat açmadan uçup uçamayacağını bilemezsin,*" demişti bir kere babası dalgınlıkla. Bu söz aklına takıldı yavru şahinin.

O da boşlukta kanat açarsa, kanatlarının anne-babasınınki kadar büyük olduğu ortaya çıkacaktı. Buna inanmıştı. Güveniyordu kendine.

Boşlukta kanat açmadan, kendi kanatlarının büyüklüğü görülemezdi. Bu düşünce kafasına yatmıştı.

Başına gelen olaylar, canlının içinde olanları ortaya çıkarır.

Her canlının hayatında kaderinin döndüğü bir an gelir.

Başına gelen olaylar, içinde olanları ortaya çıkarır.

O gün, her zamanki gibi anne-babası onu yuvada gizlemiş, karınlarını doyurmak ve ona yiyecek bulmak için yuvadan uzaklaşmışlardı.

Onu sıkı sıkı tembihlemişlerdi:

"Yuvada saklandığın yerden asla çıkma."

"Sakın ses çıkarma."

"Kanatlarını açıp kendini gösterme."

"Yuvanın kenarına yaklaşma."

"Aşağıda ne olduğunu merak edip yuvanın kenarından bakma."

"Sakın uçmaya kalma, düşer ölürsün."

Oysa yapıl(a)mayacaklar listesi hiç de ona göre değildi! Sınırların ötesine uçmak, olamaz denileni denemek, kendi kanatlarına güvenmek onun "fabrika ayarlarında" vardı.

Anne-babası onu *gizlemek* istiyordu
ama o *kendini göstermek* istiyordu!

O gün yine saklandığı yerde beklerken, her zamanki gibi içi kaynıyordu. Yalnızdı, sıkılmıştı, bunalmıştı. Kafes gibi gördüğü o yaprakların altında, homurdanıp duruyordu. Gizlenmek istemiyordu artık. Çünkü korkmuyordu.

Anne-babası onu *gizlemek* istiyordu ama o *kendini göstermek* istiyordu!

O an içinden kabarıp gelen bir gücün verdiği cesaretle, gizlendiği yerden çıktı.

Sadece yaprakların altından değil, "kafes"inden, korkunun kovuğundan da çıkmıştı bir kere. Daha önce yapamadığı bir şeyi yapabilmişti.

Etrafına şöyle bir baktı, her şey harika görünüyordu. Güneş, ağaçlar, diğer kuşlar.

Şöyle sıkı bir gerindi, kanatlarını tek tek esnetti. Kanat kaslarını sıktı. Kasları gözüne dev bir yumruk gibi göründü. Güçlü bakışlarla etrafı taradı. Hatta av bile aradı! Korkmuyordu, artık gizlenmeyecekti. Kendi kabuklarını kırmıştı bir kere.

Başarı insanın içini açar!

Sınırlarını aştıkça, içi açılmıştı yavru şahinin.

Özgür, güçlü ve mutlu hissediyordu kendini.

Daha önce yapamayacağını düşündüğü bir şeyi yapabildiğini görmekten, daha önce başaramayacağı söylenilen bir şeyi başarabildiğini görmekten daha keyifli ne olabilir ki? İnsanın içi açılır. Genişlediğini hisseder. Büyüdüğünü hisseder.

Kabuğunu kırmanın zevki, yeni sınırları aşma isteğini kışkırtıyordu. Ailesinin onu sakladığı dalların altından çıkmıştı ama ötesini de istiyordu. Özgürlüğün keyfini tatmıştı bir kere. Cesaretin gücünü görmüştü.

Ötesinde ne var? Hep bunu merak ediyordu. Bunun ötesinde ne var?

Anne-babasının kendisini altına gizledikleri yapraklara bir tekme vurup yuvadan aşağı attı. İki kanadını gere gere yuvada dolaşmaya başladı. Sağa yürüdü, sola yürüdü. Yukarı baktı, aşağı baktı.

Bir süre sonra bundan da sıkıldı. Yuvanın kenarına gelip aşağı baktı. Dev bir uçurum görünüyordu. Uçmaya kalkarsa, uçurum onun içini açabilirdi!

Yavrunun yerinde durmaya hiç niyeti yoktu. Yuvanın kenarına yaklaştı. İkinci sınırı zorlayacaktı. Yapma denileni yapıp saklandığı kovuktan çıktığı için hiç de pişman olmamıştı, anne-babası yanılıyordu!

Gözünü kapatıp kendini uçarken hayal etti!

Bu defa yuvadan uçmayı düşünüyordu. Hem de kendi kanatlarıyla! Güveniyordu da kendine. Kenara iyice yaklaştı. Aşağı baktı, içinde bir ürperti hissetti. Geri çekildi. Yoksa korkuyor muydu? Korktuğunu düşünmek bile onu kızdırmıştı.

Aşağı baktığında gözünün korktuğunu görünce, yuvanın ortasına gelip oturdu, derin düşüncelere daldı. Gözlerini kapatıp kendini uçarken hayal etmeye başladı. Tıpkı rüyalarındaki gibi uçuyordu. Rüyalarında hep kendisini uçarken görürdü. Yuvadan atlayıp uçtuğunda, dev kanatları olduğu ortaya çıkardı. Aklından bu düşünceler geçerken, isteği tekrar güçlendi.

Ah şu rüyalarımız!

Sanılanın aksine rüyalarımız *başımıza gelecekleri* değil, *içimizde olacakları* bize söyler.

Rüyaların gerçekleştiğini görmek istiyorsa, gözlerini açmalıydı!

Şahin yavrusu tekrar gözünü açtı. Rüyaların gerçekleştiğini görmek istiyorsa, gözlerini açmalıydı! Anne-babası yapabiliyorsa, kendisi de yapabilmeliydi.

Acaba yapabilir miydi? Yapabilecek miydi? Denemeden bilemezdi!

Düşündü, taşındı, kaşındı.

Kararını vermişti. Uçacaktı!

Tekrar yuvanın kenarına geldi.

Uçuruma baktı, kanatlarına baktı.

Derin bir nefes aldı...

Gözünü kapattı, kanatlarını açtı...

Ve aniden yuvanın kenarından ileri atılıp kendini boşluğa bıraktı.

Hayatın gözümüzü henüz korkutmadığı çocukluk ha(ya)llerimizdeki gibi. Neyi yapamayacağını bilememenin verdiği cesaretin ortaya çıkardığı yapabilme gücü gibi.

"Cesaret"in "esaret"ten sadece bir harf fazlalığı vardır!

Cesaret yedi harfli bir kelimedir, altı harflisi "esaret"tir. Esaret kelimesinin önüne, "c" harfi gelince, "cesaret" ortaya çıkar. Esareti cesarete çeviren bu "c" harfi, bazen cehaletin "c"sidir! *Bazen büyük bir iş başarırız çünkü onu neden başaramayacağımızı yeterince detaylı bilmiyoruzdur!*

Boşluğa bıraktı kendini bizim yavru şahin. Bilinmezliklerin kucağına. Esaretten, cesarete. Hem de henüz palazlanmamış kanatlarıyla.

Küçük şahin özgürlüğe uçtu ama maalesef kanatları hayalleri kadar güçlü değildi.

Hava boşluğunda çırpınmaya başladı.

Kanatlarını çırptı... Çırptı... Çırptı...

Düşmeye başlayınca daha hızlı çırptı...

Biraz daha düştü, biraz daha hızlı çırpmaya başladı kanatlarını.

Gittikçe yoruluyor, yoruldukça yere daha hızlı düşüyordu.

Hayal gücü ayaklarını yerden kesmeye yetmişti ama kanat gücü onu hayallerine taşımaya yetmemişti.

Çığırmaya başladı. Avazı çıktığı kadar bağırıyordu.

Anne-babasını çağırıyordu.

Ama yoktular.

Hiç kimse kendi çabasıyla çıkmadığı yükseklikte, kendi çabasıyla kalamaz.

Şu hayat ne ilginçtir.

Hiç kimse kendi çabasıyla çıkmadığı yükseklikte, kendi çabasıyla kalamıyor. Bu, uçmak için doğan bir kuş olsa bile.

Zavallı kuş hızla yere düşüyordu.

Sadece yuvasından değil, düş'ünden de düş'üyordu.

Yavru şahin yere düşerken, kanat çırpmaya devam etmiş, büyük bir azimle çırpılan küçük kanatların etkisiyle havada sağa sola savrulup ağaç yapraklarının arasına denk gelmişti. Yapraklar onu ellerinde dolaştırırken, hem düşmenin şiddeti hafiflemiş, hem de tam o sırada yavrularına yiyecek aramak için dolaşan bir anne çaylak kuşu düşmekte olan yavrunun çıkardığı gürültüyü duymuştu.

Anne çaylak önce yırtıcı bir kuşun yiyeceğini düşürdüğünü sandı. Onu kapmak için koştu ama hayat ona ilginç bir sürpriz hazırlamıştı.

Hayat bazen bir doğrunun birkaç yanlışı götürdüğü bir matematiğe sahiptir.

Anne çaylak gidip, yavru şahinin düşeceği yerde durdu, bekledi, tam düşeceği sırada düşenin bir yavru olduğunu anlayıp, kanatlarını açarak onu kanatlarının üzerine aldı.

Talih ile cesaret arasında aşk-nefret ilişkisi vardır! Talih cesareti bazen ölesiye sever, bazen kıskanır, ona çelme takar. Yavru şahinse talihin cesaretle arasının iyi olduğu bir anda yere düşmüştü.

Doğru bir şeyi yanlış zamanda yapmıştı ama cesaretinin ve çabasının gücü, yetersizliğin eksikliğini kapatmıştı. Hayat bazen böyledir; bir güçlü doğru birkaç yanlışı kapatır!

Karşısında şahin yavrusunu görünce çaylak önce şaşırdı, sonra sevindi. Bir yırtıcı kuşun yavrusu kollarına düşmüştü. O yavru artık onundu. Onu öldürüp kendi çocuklarıyla yiyebilirdi ama o farklı bir şey yaptı. *Onu da diğer çocuklarıyla beraber, onlardan ayırmadan büyütmeye karar verdi.* Böylece o bir şahinin annesi olacaktı. Bu durum ona gurur vermiş, çok hoşuna gitmişti.

O artık çaylaklar arasında yaşayan bir şahindi!

Cesur şahin, artık "çaylak" şahindi.

Çaylak yavruları arasında büyümeye başladı.

Başlangıçta bir sorunları yoktu, gayet güzelce geçinip gidiyorlardı.

Yavru şahin büyüdükçe, kendisinin kardeşlerinden farklı olduğunu düşünmeye başladı. Bilirsiniz işte, ait olmadığı yerde, ait olmadığı insanlar arasında yaşama duygusu. Anne çaylak, ona gerçeği söylememişti, çünkü bir yırtıcı kuşun annesi olmaktan gurur duyuyordu. Söylerse onu kaybetmekten korkuyordu.

Acaba sizi kaybetmemek için size potansiyelinizle ilgili söylenen yalanlar nelerdir? Bir insanı sevdiği için onu sınırlamak, onu kaybetmemek için onun kendisini bulmasına engel olmak... Kaç anne, baba, sevgili, karı, koca yapıyor bunu?

Her geçen günle beraber, yavru şahin kendisinin "öteki" olduğunu anlıyordu. *Dışındaki herkesten farklı olanın, kendi içine sığınması; çevre daral(t)ınca, kendi içini genişletme çabasına girmesi onda da görülüyordu.* Gittikçe içine kapandı. Kardeşlerinden uzak durmayı, yalnızlığı seçiyordu. Onlara sebepsiz yere hüzünlü görünüyordu. İçinde bir huzursuzluk ve "ait olduğum yerde değilim!" diyen bir ses vardı.

İçte istek kabarınca, gitmek mi zordur, kalmak mı? Buradan gidersem sana, kalırsam kendime ihanet ederim, nasıl kurtulunur bu ikilemden?

Günlerden bir gün onun bu halini gören anne çaylak, neden bu kadar kederli olduğunu sordu. "İçimde bir sıkıntı var," dedi çaylak şahin, "İzin verirseniz, buralardan gitmek, değişik ülkeleri ve yerleri gezip, üzüntümü biraz dağıtmak istiyorum!"

Anne çaylak duydukları karşısında çok şaşırmış ve üzülmüştü. Sonra kendini toplayıp başladı konuşmaya:

"Yaşadığımız yerde mutsuzsak ya da karnımızı doyuramıyorsak başka ülkelere gideriz. Biliyorsun ki, senin durumun böyle değil. Seni diğer yavrularımdan ayırmıyorum. Bir dediğini iki etmiyorum. Seni çok sevdiğimi, sana ne kadar özendiğimi biliyorsun. Sana yedirdiğimi onlara yedirmiyorum. Senin için başka ne yapabilirim ki?"

Şahin yavrusu, suskun ve sessizdi.

Başı öne eğik, düşünceli bir şekilde dinliyordu anne çaylağı.

Bilirsiniz belki, ait olduğu yere gitmek için sevdikleriyle yüzleşme anı geldiğinde zor anlar yaşanır. *İçte gitme isteği kabarınca, gitmek de zordur, kalmak da.*

Şahin yavrusu giderse bir parçası (anıları, ailesi, geçmişi) geride kalacaktı, kalırsa diğer bir parçası (cesareti, hayalleri, kendine duyduğu inanç) onu bırakıp gidecekti...

Ait olduğumuz yeri bulmak için yola çıkmak isterken, mevcudu terk edememek. Sizin de başınıza geldi mi hiç?

Büyük düşünmek mi, küçük yaşamak mı?

Anne çaylak, şahinin kararlı olduğunu görünce, ona belki ikna olmasına yardımı olur diye uzaklara gitmenin tehlikeleri üzerine bir hikâye anlattı. Her başarı öyküsünün bir yerinde kahramana anlatılmış "boşuna deneme, olmayacak" öyküsü vardır. Şimdi de yavru şahin bu *kendine inanma sınavını* veriyordu.

Anne çaylağın, belki onu vazgeçirir düşüncesiyle anlattığı hikâye, yoksul ve yaşlı bir kadının, tembel ama açgözlü kedisi hakkındaydı. Yaşlı kadının artıklarıyla beslenen kedi, kadının yoksul olması yüzünden doğru düzgün bir şey yiyemiyordu.

Her geçen gün zayıflıyor, çelimsizleşiyordu. Bir gün şişman, parlak tüylü bir kedi gördü. Onu kaplan, kendisini fare gibi görüyordu. Ona nereden beslendiğini sordu.

"Padişahın sarayına gidiyorum, sen de gel, sen de iyi beslen," dedi. İki kedi anlaştılar. Semiz kedi, saraya bir sonraki gidişinde miskin kediye haber verecekti.

Miskin kedi akşam yaşlı kadına konuyu açtı. Yaşlı kadın, *"Hırs insana zarar verir, bulduğuna şükretmeli!"* dedi. Kedi güldü.

Sabah semiz kediyle beraber saraya gittiler. Gördükleri ilk yemek artığına atıldılar. Ama o gün sarayda bir şeyler değişmişti. *Padişah yüzlerce kedinin gürültüsünden rahatsız olmuş, yabancı kedilerin görüldüğü yerde okla vurulmasını emretmişti.*

Okçular harekete geçince, diğer kediler hemen kaçtı. Bizim tecrübesiz ve tembel kedi onlar kadar atik değildi, kaçamadı. Midesinden yediği bir okla oracıkta öldü.

Hikâyeyi tamamlayan anne çaylak, "Eğer elindekilerle yetinmezsen, senin de sonun böyle olur, bu hikâyeden ders al," dedi.

Elindekilerle yetinmek mi, yapabileceğinin en büyüğünü yapmak, olabileceğinin en iyisi olmak mı? Hangisini tercih etmeli insan? Siz şahinin yerinde olsaydınız, bu hikâyeyi dinledikten sonra ne yapardınız?

Sizi bilemem ama bizim özgür ve özgün ruhlu şahin kararından dönmedi. Anne çaylak kendisini sevdiğinden, ona yakın olmak istediğinden bunları anlatıyordu. İyi niyetle yaklaşıp şahinin hayata karşı gözünü korkutmak istiyordu. *Çünkü korkakları kontrol etmek daha kolaydır.*

Onun için yavru şahinin ait olduğu yeri bulması değil, her zaman sevebileceği yakınlıkta olması önemliydi. Ne çok başarı, bu sevgi duygusuna kurban verilmiştir bir bilseniz...

Bildiğinin ötesine gitmenin, kendi kanatlarıyla uçmanın ödülünü de bedelini de yaşadı.

Hikâyenin sonunda şahin yavrusu, bilinmedik topraklara kanat açmaya karar verir. Kırılmadan ve kırmadan, asil ve minettar bir şekilde veda eder ailesine.

Onları kendi küçük dünyalarında mutlu yaşamlarıyla bırakır, kendisi ait olduğu yeri, bildiğinin ötesinde olanı, yaşamadığı için çok şey kaçırdığı yerleri, içgüdülerinin götürdüğü yeri görmeye kanat açar. Kendi kanatlarıyla uçabiliyordur. Hem de uçmak istediği yere, uçmak istediği kadar. Limiti kendisidir artık.

Bildiğinin ötesine gitmenin, kendi kanatlarıyla uçmanın ödülünü de bedelini de yaşar. Daha önce görmediği yerler görür. Daha önce avlamadığı kuşlar avlar. Daha önce tanımadığı düşmanlarla kapışır. Daha önce yaşamadığı sert iklimlere alışır.

O, kendisi için doğru olanı yapmıştır. İçindeki "fabrika ayarlarına" dönmüş, içinde olana uygun yaşamış, "yüreğinin götürdüğü yere" gitmiş, iç sesindeki kendini bulmuştur. İçindeki kasvet duygusu dağılmıştır artık, her kanat açışında daha fazla içi açılır. "Eğer orada kalsaydım, bütün bunları yaşamamış olacaktım," der sık sık.

Kalile ve Dimne'ye göre hikâyenin sonunda, bir gün bizim şahin bir kral görür. Kral doğanıyla ava çıkmıştır. Bir kuşu yakalaması için doğanını serbest bırakır. Bizim şahin doğandan atik davranıp, ondan önce kuşu yakalar. Bunun üzerine kral himayesindeki şahinlerden birini ona gönderir, yeteneğini takdir ettiğini, gelip sarayında yaşaması için davet ettiğini söyler. Şahin daveti kabul eder ve saraylı şahin olur. Kral onu çok sever. Sarayın en gözde şahini olur.

Her şey sınırlarını zorlamakla başlamıştır. Hayal ettiğinden fazlasını hayatında görmekle devam etmiştir. Kadim Hint öyküsü böylece biter.

Okuduğunuz hikâye, kendi kanatlarıyla uçmanın anatomisidir!

Yavru şahinin hikâyesi kendi kanatlarıyla yükselmeye çalışanların yaşadıkları pek çok tipik durumu yansıtır. Hayalindeki hayata kendi kanatlarıyla uçanlar neler yaşar?

Hemen hepsi bir dönem ait olmadıkları yerlerde, ileride hayatlarında olmayacak insanlar arasında yaşamışlardır. Karşılarına iyi insanlar da kötü insanlar da çıkmıştır, onlara destek olanlar kadar engel olanlar da olmuştur. Umutlarına kanat verenlerle de, kanatlarını kıranlarla da karşılaşırlar.

Hemen hepsine, "Senden bir şey olmaz, hayal kurma, üzülürsün," diyen birileri de vardır. Güzel hayalleri kürtaj eden bu kişi çoğu kez, onları seven, iyi niyetli, en yakınlarındaki insanlardan biridir. İnanırım ki, *"Cehennemin yolları iyi niyet taşlarıyla döşelidir,"* sözü ilk defa bu hayal katilleri için söylenmiş olmalıdır!

Neyse ki bu insanların çoğu, şahin yavrusu gibi, "Sen yapamazsın" öykülerine karşı güçlü bir bağışıklık sistemine sahiptir. Yapamazsın öykülerine karşı, yapabilenlerin öyküleriyle, yani "azmin zaferi" hikâyeleriyle kendilerini savunmayı bilirler.

Bir gün, gitmek zamanı geldiğinde, sevdiklerine sadakat, kendi başarı kapasitelerine ihanet anlamına geldiğinde, hayalleri için "vakur bir edayla" çekip gitmeyi bilirler. Gitmek zamanı geldiğinde kalıp da bir ömür söylenmektense, giderken içinden birkaç damla gizli gözyaşı dökmeyi tercih ederler.

Ve bir gün, bir şekilde -kralın şahinin içindeki cevheri görmesi gibi- önemli birileri tarafından keşfedilip değerlendirilirler! İnsanın içinde "cevher" varsa, bu bir gün, bir yerde, bir şekilde, kendini gösterir. Atasözüdür; *delikli boncuk yerde kalmaz!*

Bana bu öyküde aklınıza takılan yeri söyleyin, size kanatlarınızın takıldığı yeri söyleyeyim!

Okuduğunuz hikâyede kendi hayatınıza karşılık gelen ne buldunuz?

Yavru şahinin büyüklerinin sözünü dinlemeyip, içinden gelen sesi izlemesi mi? Şahinin kendi kanatlarıyla uçmaya çalışırken, kafa üstü yere düşmesi mi? Anne çaylağın onu kurtarması mı? Şahinin çaylaklar arasında büyümek durumunda kalması mı? Anne çaylağın ona potansiyeli hakkında yalan söylemesi mi? Şahinin zamanla asıl "fabrika ayarlarına" dönmesi mi? Bir gün yavru şahinin çaylak ailesini bırakıp gitmesi mi? Şahinin çaylak ailesinden ayrıldıktan sonra başına gelenler mi? Sonunda saray şahini olması mı?

Dikkatinizi çekerim; *aklınızın takıldığı yer, hayatınızın takıldığı yer olabilir?*

Takılma noktanız, kanatlarınızı kapalı tutma nedeninizi ele verebilir. Kanatlarınızı kullanmama nedeniniz, belki içinizdeki sesi dinleyecek cesaretinizin olmamasındandır. Belki, düşme korkusuyla uçamayanlardansınızdır. Belki diğer insanlara güvenmediğiz için, yükselip hedef olmak istemiyorsunuzdur. Belki sizin kim olduğunuz ve neleri yapamayacağınız ile ilgili size söylenenlere çok inanıyorsunuzdur.

Belki iyilikten kaybediyorsunuzdur; çaylak ailesini terk edemeyip, sevdiklerinize ve sevenlerinize sadakat göstererek kendi başarı kapasitenize ihanet etmeyi seçiyorsunuzdur! Belki de sarayda baş şahin olmak yerine, çaylaklar arasındaki en yetenekli şahin (küçük yerin büyük adamı) olmak size yetiyordur.

Bu hikâyeden çıkabilecek dersler neler?

Eski çağlarda hayat dersleri daha çok hikâyeler üzerinden verilirdi. Siz bu hikâyeden ne gibi dersler çıkardınız? Benim kendi adıma çıkardığım birkaç ders aşağıda:

1. Her şey aslına çeker.

Hepimiz kalbimizin derinliklerinde taşıdığımız bir tutkuya sahibiz. Yüz vermesek de, sesini dinlemesek de, o tutku bizi biz yapan şeydir.

Şahin yavrusu şahin olmak için doğmuştur. Aslına dönmeli ve fabrika ayarlarına uygun yaşamalıdır. Şahin yavrusu olmak için doğduğu şeye ters yaşadıkça içi sıkıntıdan kurtulmayacaktır.

İç sıkıntısı bizleri ait olduğumuz koordinatlara davet eder. Kendi kapasitemizde olana ihanet edişimize karşı bizi uyaran sirendir. Mesajı şudur: *Neyi yapmak için doğduysan, onu yaparak yaşa, yoksa kendini yaşamış sayma! Bir an önce fabrika ayarlarına dön, bu senin için son çağrıdır!*

2. Cesurca girişilmiş bir eylemin gücü, bazen doğru şeyi yanlış zamanda yapmanın eksiklerini kapatır.

Güçlü tutkular, insanı aceleci yapar! Tutkuluların en son öğrendikleri başarı dersi, sabırla beklemektir! Büyük bir iş başarma tutkusuyla doğanlar, içlerindeki güçlü isteğin baskısıyla hep acele ederler. Bu acelecilikleri, onları hata yapmaya açık hale getirir. Yavru şahin de, henüz hazır olmadan uçmaya kalkıştı, düz mantığa göre bu bir hata demektir ama tutkuyla girişilmiş bir eylem, bazen hazırlıksızlığın açıklarını kapatabilir. Tabii her zaman değil!

Birçok insan patronunun kendilerinden "daha az gelişmiş" olduğunu düşünür! Bu kişiler kendilerinden daha az donanımlı olan bu insanların nasıl kendilerinden daha fazla yükseldiğini bir türlü çözemezler. Cevap, tutku ve cesaretin gücünün çoğu kez donanımın eksiklerini kapatmasıdır.

3. Sığ sularda yüzmek güvenli olabilir ama insan iyi yüzücü olmayı boyunu aşan sularda öğrenir.

İnsan yapabileceklerinin sınırını zorlamadan, gerçek kapasitesinin neye yeteceğini tam olarak bilemez. Yapabildiğinin ötesini zorlamak ilerlemenin temelidir. Kendi sınırlarıyla yüzleşmek, gelişmektir.

Sınırlarımızı zorlamayı denemeden, kendi kabuğumuzun içinde yaşamak daha konforlu olabilir ama büyüme kapasitemizi daraltır. Sınırlarını zorlamak insana acı verebilir ama bu acı insanı büyütür. İngilizce bir deyimle söylersek: "No pain no gain" yani "*Acı yoksa, kazanç da yok*!"

4. Düşmek uçmaya dahildir!

Kendi kanatlarıyla uçmayı seçen, arada bir kendi kafası üzerine düşmeyi de seçmiştir. Bir İspanyol atasözü, "Attan düşmeyi öğrenmeden, ata binmeyi öğrenmiş sayılmazsın," der.

Kazanmayı delice isterken, arada bir kaybetmeye katlanmak da bir meziyettir. Hiç düşmemek değil, düştüğü yerde kalmamak insanı büyütür. Başarı, elleri beyaz eldivenli salon çocuklarını değil, dizleri kanamış sıkı çocukları sever.

İnsan hayalindeki hayata bazen uça düşe, bazen düşe kalka gider. Tıpkı Şebnem Ferah'ın "Korkarak Yaşıyorsan" adlı şarkısında söylediği gibi...

Öyle bir hayat yaşadım ki,
Cenneti de gördüm, cehennemi de.
Öyle bir aşk yaşadım ki,
Tutkuyu da gördüm, pes etmeyi de.

Bazıları seyrederken hayatı en önden,
Kendime bir sahne buldum, oynadım.
Öyle bir rol vermişler ki
Okudum, okudum, anlamadım.

Kendi kendime konuştum bazen evimde.
Hem kızdım hem güldüm halime.
Sonra dedim ki "Söz ver kendine"
Denizleri seviyorsan, dalgaları da seveceksin.

Sevilmek istiyorsan, önce sevmeyi bileceksin
Uçmayı seviyorsan, düşmeyi de bileceksin
Korkarak yaşıyorsan, yalnızca hayatı seyredersin

Öyle bir hayat yaşadım ki,
son yolculukları erken tanıdım.

Öyle çok değerliymiş ki zaman
Hep acele etmem bundan, anladım.

ÖNCE KENDİ KANATLARINA GÜVEN: SÜREKLİ KANATLARI KIRPILAN BİR MİNİK SERÇENİN HİKÂYESİDİR!

Denizli'nin Sarayköy'ünde dereye nazır bir köy evinde doğdu. Adını "Fatma" koydular.

Şalvarlı bir hayattan, İzmir'e göç edince mini eteğe geçti. İçinde sanatçı ruhu, çevresinde bir "memur" ailesi vardı. Yaşadığı küçük boy hayat ruhuna dar geliyordu. Çocuk yaşta birçok kez evden kaçtı, hatta intihara kalkıştı. Kafası kafese sığmayan çocuklardandı o. Lakabı "*cüce bela*"ydı!

14 yaşında onu anlayan, ona şefkat kapılarını sonuna kadar açan tek insan olan anneannesini kaybetti. Koca dünyada kendi başına kalmıştı. Hayat, umudunun kanatlarını kır(p)mıştı!

Kendi başının çaresine bakmaya karar verdi. Kendi kanatlarıyla uçmak için, önce ekonomik olarak bağımsız olmalıydı. İş hayatına atılacaktı!

Henüz lise öğrencisiyken en yakın arkadaşıyla güzellik salonu açtılar fakat sonuç tam anlamıyla fiyaskoydu! Salona girenlerin güzelleşmek yerine çirkinleşmesi ve hatta bir kadının saçlarının yanmasıyla, bu macera son buldu. Umudunun kanatları biraz daha kırpılmıştı!

Ona da "Senden ne köy olur ne de kasaba" dediler!

Durmaya niyeti yoktu. Yenilmişti ama pes etmemişti! Yoluna devam etti.

16 yaşında bir ses yarışmasına katılmak için, cebindeki son parayla İstanbul'a kaçtı. Akşam kalacak yeri de, otel parası da yoktu. Bindiği taksinin babacan şoförü haline acıyıp onu kendi evine götürdü. Ailesi ve çocuklarıyla tanıştırdı, sabah da onu yarışmaya götürdü. Yarışmada ancak altıncı olabildi...

Birinci olamamıştı ama cesareti daha da artmıştı. Hemen büyük prodüksiyonlara imza atan bir yapımcıya gitti, fakat ondan *"Senden ne köy olur ne de kasaba"* cevabını aldı. Umudunun kanatları bir kez daha kırpılmıştı.

Müziği çok istemesine rağmen, ailesinin yönlendirmesiyle mecburen Ziraat Fakültesi'ne kaydoldu. Günleri kantinde şarkı söyleyerek geçiyordu. 2 yıl sonra da okulu bıraktı.

20 yaşındayken bir müzisyenle evlendi ama çok geçmeden ayrıldılar. Bu aşkın "adı onda saklı hikâyesi" yıllar sonra çok beğenilen bir şarkı olsa da, hayat umudunun kanatlarını kırpmaya devam ediyordu.

21 yaşında ilk 45'liğini çıkardı. Adını da *"Haydi Şansım"* koymuştu. *Bu defa çok büyük umutlarla kanat açmıştı.* Artık ha-

yaline ulaşıyor gibiydi. Sonuç, beklediği başarının aksine, hüsrandı. *İlk 45'liği sadece 50 adet sattı!*

Çoğunu kendisi ve arkadaşları almıştı. Bir kez daha hayat kanatlarını kır(p)mıştı!

Umuda kurşun işlemez gülüm...

Bir şekilde kendini göstermesi gerekiyordu. 25 yaşında ilk film teklifini aldı. Kabul etti ama başrolünü oynadığı bu filmi kendisi bile senelerce izleyemedi.

27 yaşında ikinci kez dünya evine girdi. Bir oğlu oldu ama bu evliliği de boşanmayla bitti.

Uça düşe ilerliyordu. İstediği sonuçları alamasa da, azimle üretmeye devam ediyordu. İkinci 45'liğini çıkardı. Üçüncüsünü çıkardı. Sonunda *Kaybolan Yıllar* albümü ile ilk ciddi başarısını gösterdi. Artık herkes onu konuşmaya başlamıştı.

Başarının tadını almıştı bir kere. Olduğu yerde durmaya hiç niyeti yoktu. Hedef büyüttü, Avrupa'ya açılacaktı.

29 yaşında Eurovision şarkı yarışması için kolları sıvadı. Herkesin ondan birincilik beklediği gecede, o da çok umutluydu ama sonuç hiç de iç açıcı değildi. Bir kez daha hayat kanatlarını kırpmıştı!

Aynı yarışı yıllar sonra tekrar denedi, sonuç gene başarısızlıktı. Başarı ile başarısızlığı; kazanma ile kaybetmeyi bir arada yaşıyordu. Hayat ona *sıcak-soğuk yapıyordu;*[5] başından aşağı aynı anda hem sıcak hem soğuk su döküyordu!

Özel televizyonların olmadığı dönemlerde artık ülkesinde başarı elde etmiş olmasına rağmen TRT denetiminden geçemediği için televizyonlarda şarkılarını uzun süre seslendiremedi. TRT de kanatlarını kırpmıştı!

Ama o yılmadı. Her şeye rağmen, kanada kuvvet yola devam etti. O minik serçenin öyle kanatları vardı ki, her kırpılmasında, kendi kendini büyütebiliyordu. *Onun umudunun kökleri kendindeydi, ruhunun derinliklerindeydi, uçları kırpılsa da köklerinden besleniyordu.* Umut kırpıcılar köklerine ulaşamıyorlardı.

Nazım Hikmet'in bir dizesindeki gibiydi yaşananlar: *"Umuda bin kurşun sıksa da ölüm, unutma umuda kurşun işlemez gülüm!"*

Başarı gül bahçeli cennet vaadi değildir.

Zamanla uça düşe kendini olmak istediği yere taşıdı. Samuel Beckett'in o ünlü, *"Hep denedin, hep yenildin; olsun gene dene, gene yenil, ama daha iyi yenil!"* öğüdünü dinlemiş gibiydi. Başardıkça büyüdü, büyüdükçe milyonlarca insanın kalbine kaydetti şarkılarını. İlk yarışmada birinci seçilememişti ama defalarca "yılın kadın sanatçısı" seçildi. Albümleri milyonlarca sattı. Pop müziğin baş+arı kraliçesi oldu.

Zirveye çıkınca, belanın ulaşamadığı yere mi gelmişti? *Başarı gül bahçeli cennet vaadi değildir.* Zirvede de zorluklara *kanat germeye* devam etmesi gerekecekti. Bu bazen en yakın dostunu kaybetmek, bazen sesini kaybedebileceği hastalıklarla mücadele etmek, bazen tabuları salladığı için yargılanan ve yadırganan biri olmaktı.

Bir minik serçenin kendi hayallerine uçma hikâyesiydi okuduklarınız. "Cüce bela" Fatma Sezen Yıldırım olarak başlayıp, aşk ve anlam dolu şarkıların kadını Sezen Aksu olarak devam eden bir hikâye. Başına gelenleri içinde öğütüp 450'den fazla şarkı yapan bir *aşk provokatörünün* hikâyesi.

O belki "iyi bir evlat" olamadı, "ilişkilerini başarıyla yürüten bir eş" olamadı, "diploma mesleğini yapan bir ziraatçi" olamadı, "kurduğu güzellik salonunu kârlılıkla işleten bir iş kadını" olamadı, "girdiği yarışmada birinci çıkan yetenek" olamadı, "ilk albümüyle patlayan star" olamadı, "devlet televizyonun resmi sanatçısı" olamadı. Peki ne oldu? Sezen Aksu oldu! Ne dersiniz, hepsine yetmez mi? Diğerlerini olabilenlerin Sezen Aksu olamaması da ilginç değil mi?

Sezen Aksu denedi ve başardı, bize de derslerini çıkarmak düştü! İşte Sezen usulü başarıdan çıkarılabilecek o dersler:

Büyük bir hayata dümdüz bir mantıkla gidilmiyor!

Eğer küçük ve orta boy hayattan sıkıldıysanız, büyük boy hayat yaşamak ya da hayatınızı birkaç beden büyütmek istiyorsanız, sizinle başarıya ve hayata dair ön kabulleriniz ("default"larınız!) üzerine biraz konuşmalıyız!

Büyük bir hayata giden yol dümdüz, hatasız, pişmanlıksız değil; asimetrik, dalgalı, karmaşıktır. Büyük bir hayat çevredekilerin aynısını yaparak gidilen bir yer değildir. Çoğu kez çevreye kafa tutarak, aklına koyduğu için alay edilmeyi göze alarak, zekâsını alışılmışın dışında çalıştırarak ulaşılan bir yerdir.

Büyük boy hayat isteyen, alanında ülke çapında ilk üçte olmayı aklına koymuş birisi için, içinden gelen ses çevresinden duyduklarından genellikle daha iyi bir rehberdir. İçgüdülerinin sesini dinleyen başarılı da olabilir başarısız da ama sırf çevrenin aklıyla gidenlerin fazla ileri gidemeyeceği kesindir! *Üçüncü bir yol, bilene danışıp bildiğini işlemektir!*

Size ne kadar "aykırı" olursanız o kadar başarılı olacağınızı kanıtlamaya çalışmıyorum. Başarmak istediğiniz şeyin peşinden giderken çevrenizdeki ortalama insanların sizi kendilerine benzetmelerine ne kadar direnebilirseniz, sıradışı işler başarabilme potansiyelinizin o kadar yüksek olacağını vurgulamaya çalışıyorum.

Başarı hakkında doğru bildiğimiz yanlışları ve yanlış bildiğimiz doğruları gözden geçirmeliyiz. Bu konudaki tüm ezberlerimizi bir kalemde silmek mümkün görünmüyor ama aklımızı yeniden kurmak ve ön yargılarımızı sorgulamak için birkaç fikirle işe başlayabiliriz.

Hiç hata yapmadığımızda değil, yanlışlarımız doğrularımızı götürdüğünde kalan kadar başarılı sayılırız.

Yatırım dünyasında *risk toleransı* diye bir kavram vardır. 100 bin doları olan biri bankaya gidip, "Paramı %100 artıracak, %100 kaybettirecek riski alıyorum" derse, onun bu tercihine göre oluşturulacak yatırım politikasıyla büyük kazanabilir de büyük kaybedebilir de. *Büyük risk almak her zaman kazanmak anlamına gelmez, kazanmak ya da kaybetmek risk aldıktan sonra yapılanlara bağlıdır.*

Risk alma oranı, kazanma ve kaybetme kapasitesini belirler. Hiç kaybetmeden –sıfır risk toleransı- kazanmak isteyen, sadece banka faizi gibi sabit getirili yatırım araçlarını kullanır. Büyük kazanamaz ama sistem riskini saymazsak, kaybetmez de.

Aynı durum hayat için de geçerlidir. Kazanma ve kaybetme potansiyeliniz risk toleransınız kadardır. Çoğu insan hata yapma korkusuyla, doğru bir şey de yapamaz! Oysa hata yapma toleransı ve yeniden deneme cesareti, diz kanatan düşüşleri başarılı uçuşlara çevirebilir.

Ben hayatta çoğu hatanın boşa gitmediğine inananlardanım. İnsanlar doğruları kadar bazen yanlışlarıyla da bir yerlere gelirler. Bir işadamının ofisinde şu söz yazıyordu: *"Bana hayatında hiç hata yapmamış birini göster, sana onun on katı hata yapıp daha başarılı olmuş başka birini göstereyim!"*

O halde nasıl düşünmeliyiz? Hayat okulunda bazen bir yanlış bir doğruyu, bazen bir doğru bir yanlışı götürür. Bazı güçlü doğrular, çok sayıda ortalama yanlışı, bazı güçlü yanlışlar çok sayıda ortalama doğruyu götürür. Büyük doğruların küçük yanlışları, büyük yanlışların küçük doğruları götürmesinden sonra kalan bakiye başarı ya da başarısızlıktır. Sadece ölmek tüm cari hesabı kapatır!

Her büyük başarı öyküsü, içinde çok sayıda küçük, kırık başarısızlık öyküsü barındırır.

Başarı ile başarısızlık ayrı ayrı yaşar gibi görünür ama çoğu kez iç içe geçmiştir. Gülmenin en ileri noktasında gözümüzden yaş gelmesi, ağlamanın en ileri noktasında gülme krizine girmemiz gibi, başarısızlığın dibinde başarı, başarının tepesinde başarısızlıkla karşılaşabiliriz.

Büyük bir başarı öyküsünün içinde küçük birkaç başarısızlık öyküsü bulunabilir. Başarı ile başarısızlık bir insanın hayatında art arda durabileceği gibi, aynı anda, yan yana da bulunabilir. Bazen, bir yanımız galipken, diğer yanımız mağlup hisseder kendini. Bazı başarılarımızda bir şeyler kaybederiz, bazı başarısızlıklarımızdan bir şeyler kazanırız.

Bazı başarıların sonunda başarısızlık sizi bekler, bazı başarısızlıkların sonunda ise başarı. Her galip başka bir açıdan mağluptur, her mağlup başka bir boyutta galiptir. Büyük başarı vardır ama kusursuz başarı yoktur. Her başarılı hayat, içinde eksikleri ve kusurları da barındırır.

Başarısızlık, başarının geçmişinde durdukça güzelleşir!

Başarısızlık+başarısızlık+başarısızlık+başarı=Başarı!

Başarı-başarısızlık-başarısızlık-başarısızlık= Başarısızlık!

Başarının matematiğinde önemli olan kaç kez başarılı ya da başarısız olduğunuz değil, hangi sırayla başarılı ya da başarısız olduğunuzdur. Üç kez başarısız olduktan sonra dördüncüde başarılı olan, hem başarılı sayılır hem de daha önceki başarısız denemelerinde yılmadığı için başarısı "karizmatik" görünür. İlk denemede başarıp, sonraki üç denemesinde başarısız olan ise, sonuçta başarısız insan olarak algılanır. Başarı söz konusu ise önemli olan, nasıl bitirdiğinizdir. Sayı değil, sıralama her şeydir.

Başarısızlığın en güzel durduğu yer, sonu başarıyla biten bir ömrün baş tarafıdır. Başarısızlığın hayatınızda olması değil, onu durması için koyduğunuz yer önemlidir.

Ömrün sonunda büyük bir başarı tablosu varsa, aralarda yaşanan başarısızlıklar sevimlileşir, komikleşir, hatta başarının görkemini daha da artırır.

Hayat maçının sonunda sahadan galibiyetle ayrılıyorsanız, o maçta yediğiniz goller maçın keyfini ve galibiyetin değerini daha da artırır. *O halde bir gol yiyince ne yapmalı? Anında birkaç golle misillemede bulunmalı!* Başarısızlıkla karşılaşmak değil, onu başarıyla karşılamamak problem!

Başarısızlık yaşanırken başka türlü, bir ömrün bütünü içinde başka türlü görünür!

Yaşadığımız her başarısızlıkta, sadece kendimize güvenimiz azalmaz, başkalarının bize inancı da azalır. Başkalarının bize tekrar güvenmesini sağlamak, ki bu bize destek olmaları için önemli bir noktadır, kendi yıkılan özgüvenimizi yeniden kazanmaktan daha zor olabilir. Çünkü biz kendimize güvenmek zorundayız ama başkaları bize güvenmek zorunda değildir!

Birçoğumuz ilk başarısızlığında, kişinin kredi notunu düşürüp acımasızca başarısızlıkla damgalarız. Oysa o başarısızlık, kişinin *kimliği* değil son işindeki *performansıdır.* O anda "başarısızlık" diye gördüğümüz şey, yarın devamına bir başarı eklenince birden anlamını değiştirir.

Bugün, Sezen Aksu'nun "başarısızlıklarını" okudukça onun büyüklüğü gözümüzde daha da artıyor, peki ya o başarısızlıkları yaşadığı o anda yanındaki bir arkadaşı olsaydık onun hakkında ne düşünürdük? Yaşadığı her başarısızlıktan sonra yine de ona güvenip, "Dene, başaracaksın!" diyebilir miydik?[6]

Şu anda çok başarısız olduğuna tanık olduğumuz bir arkadaşımızın ileride başarılarla karşımıza çıkmayacağını nereden bilebiliriz? Şu anda en son yaptığı iş tutmadığı için "o artık bitti" diye damgaladığımız bir ünlünün, gelecekte şaşırtıcı işler başarıp, bugün kendisine böyle diyenlere gülmeyeceğini nereden bilebiliriz?

Unutmayın! *Başarısızlık yaşandığı anda başka türlü, kişinin başarıyla sürdüğü ömrün sonunda, o kişinin hayatı bir bütün olarak değerlendirildiğinde başka türlü görünür.*

Size uygun görülenleri yaşayarak değil, yapmak için doğduğunuz şeyi yaparak büyüyebilirsiniz!

Hepimiz dünyaya bir işbölümünün parçası olmak için geliyoruz. Yapmak için doğduğumuz şey, fabrika ayarlarımızda kayıtlı oluyor. Sezen Aksu dünyaya şarkı söylemek için gelmişti. İnsanlar yapmak için doğdukları şeyin ilk belirtilerini çocuk yaşlarda vermeye başlarlar. Sezen Aksu da bir röportajında, henüz 8 aylıkken (yazıyla; sekiz aylıkken!) hareketli bir şarkı duyduğunda annesinin yün yumaklarını alıp göğsüne yapıştırarak o halde dans ettiğini söylemişti![7]

Fabrika ayarlarımızda olanı yaşamadan, gerçekte kim olduğumuzu tam bilemeyiz. Bir tohum nasıl içinde olanı dışarı göstermek için sadakatle çabalıyorsa, biz de içimizde olanı dış dünyada gerçekleştirmek için aynı varoluşsal sadakati göstermeliyiz. *Neysek o olmalı ve büyümeliyiz büyüyebildiğimiz kadar.* Balık yumurtasıysak balık olmalıyız ve büyümeliyiz büyüyebildiğimiz kadar. Çınar tohumuysak, çınar olmalıyız, büyümeliyiz büyüyebildiğimiz kadar.

Biz sadece kendi potansiyelimizde olanı gerçekleştirmek için geldik dünyaya. Başkalarına uymak için fabrika ayarlarımızdan uzaklaşmamalıyız. Kartalsak kartal gibi yaşamalıyız, tavuksak tavuk gibi. Hayatta başarılı olmaktan daha üstün bir tek değer varsa o da kendi olabilmektir.

KENDİ KABUĞUNU KIRMAK: KAFESİN İÇİNDEN ÇIKMAK YETMEZ, KAFESİ DE KAFASININ İÇİNDEN ÇIKARMALI İNSAN!

Bazıları hayata öyle gelir ki, ya büyük bir insan olur ya da küçük bir hiç; onlar için hayatın ortası yoktur. Ya en büyük kazanan olurlar ya da en büyük kaybeden. En büyük yaratıcılar da en büyük yıkıcılar da bu yüreği yüklü insanlardan çıkar.

Bu kişiler hayata kendi kanatlarıyla uçmak zorunda kalacak şekilde gelmişlerdir. Onlar daha çok alkış almak için değil, hayatta kalmak için başarmak zorundadır. Onlar için kendi kanatlarıyla uçmak bir seçim değil, mecburiyettir.

Ben de doğuştan kendi kanatlarıyla uçmak zorunda kalanlardanım. Henüz bir buçuk yaşımdayken, babam 125 uyku hapı içip intihar edince, doğar doğmaz unvan maçım başladı. Benim için de artık başarı bir seçim değil, mecburiyetti.

Hayat bazılarını Sibiryalı annelerin yaptığı gibi, doğar doğmaz buzlu suya sokup çıkarır!

Bilirsiniz, çocuklar ailelerinin kanatları altında büyürler. Hayatı önce korunaklı bölgelerde öğrenirler. *Kanat altında kanat çırparak ilk uçma denemelerini yaparlar.* Özellikle erkek çocuklar babalarının gücünü kendi gücü gibi görür, yan yana yürürken babalarının topukları altında ezilen çakılların çıkardığı sesi bile kendi güçlerinin göstergesi sanırlar.

Üzeri kanatsız bölgede doğanların böyle bir şansı yoktur. Yüzme bilmeden denize atılmışlardır. Doğduklarında kulaklarına, *"Ne olursa olsun, başarmaya mecbursun,"* diye fısıldanmıştır. *Mücadele içinde mücadele yaşar, katman katman sert kabuklar geliştirirler.* Tüm bunlar onları ya başarı makinesine dönüştürür ya da bela makinesine...

Sibirya'da bir gelenek vardır, anneler çelik gibi sağlam olsunlar diye, çocuklarını henüz bebekken içi buzlu suyla dolu göle sokup çıkarırlar. Hayat da bazı çocuklarına bu Sibiryalı anneler gibi davranır. Hayata gelir gelmez yaşanan bu soğuk duş şoku bazılarının ruhunu daha da sertleştirir, bazılarının ise ruhunu buruşturur.

Bazıları için başarmak, hayattan intikam almaktır.

Sibiryalı çocukların bazıları hayatın yaptığı kariyer planına sitem edip arabesk söylenmelere sığınırken, bazıları güçlü bir *başarı yemini* eder. İki tavır da benzer yaşanmışlıklardan beslenmiştir. Bazıları, "Kaderimse çekerim," der, bazıları, "Hayat seni bu yaptığına pişman ederim!"

Hayatın başkalarını kayırıp kendisine haksızlık yaptığını düşünerek başarı yemini edenler için başarının anlamı biraz farklıdır. Onlar için başarmak, hayattan intikam almaktır. Haksızlığın karşısına başarıyı koymaktır. Her başarı kötü kadere karşı bir misillemedir. Kader karşısında kaymakam görmüş köylü gibi boynu eğik durmayı reddedenlerdir onlar.

Bu çocuklar bilirler ki kötü kaderlerini yenmek için ellerindeki tek araç başarıdır. Bu yüzden, "Benim sadık yarim kariyerimdir," derler. Başarıya dört elle sarılırlar.

Sığınacakları bir kanat altı bulamamalarının en büyük yararı, kendi kanatlarını kullanabilmeyi genç yaşta öğrenmeleri olmuştur. Bu insanlar için başarı becerileriyle donanmak, kendi ayakları üzerinde durmak, kendi kendine yetebilmek, kendi kanatlarıyla uçabilmek çok önemlidir.

Bu kitabı aldığınıza göre sizler de kendi kanatlarınızla uçmak, başkalarının eline bakmadan kendi ayaklarınız üzerinde durmak, kimseye muhtaç olmadan yaşamak isteyenlerdensiniz. İsterseniz önce kendi kanatlarıyla uçmanın anlamı üzerine biraz düşünelim.

Kendi kanatlarıyla uçmak ne demektir?

Nedir kendi kanatlarıyla uçmanın anlamı?

Kendi kanatlarıyla uçmak "ben artık kendi kendime yetebilirim" beyanıdır. "Kendimi kendi gücümle taşırım" iddiasıdır. Bağımlılıktan kaçış, bağımsızlığa uçuştur. Korkuyla gelen sadakatten ve koruyucu kanatların kısıtlayıcılığından kaçıştır. Güven ve konfor alanını gönüllü terk ediştir.

Kendi kanatlarıyla uçmak, bazen meydan okumaktır. Suyun boy aşan derinliklerine doğru yürümektir. Hayatın ve diğer insanların ona tanıdığı sınırları yeniden çizmektir. Bazen yaşanılan kanatların altında sıkılmaktan, bazen daha ötesini meraktan, kendini bildiğinin ötesine atmaktır. Dışarıdan destek almasa da daha ileri gitmektir. Gözü geçmişin dikiz aynasında kalmadan, ileriye uçmaktır. Kendine yeni bir hayat kurmak için, eskiyi terk etmeyi becerebilmektir.

Yaşadığı yerden sıkılınca, içinde ilerleme isteği kabarınca, yeterince patinaj yaptığını düşününce insan kendi kanatlarıyla uçmak ister. Kendi kanatlarıyla uçmak bazen bir kaçıştır, bazen bir arayış, bazen seçilmiş bir hedefe varış çabası.

Her insanın içinde kendi kanatlarıyla uçma tutkusu az ya da çok vardır. Bu potansiyelimizi çoğu zaman başımıza gelen olaylar harekete geçirir. Bazı insanlar üniversiteyi bitirince, bazıları boşanınca, bazıları çalıştıkları yerden ayrılıp kendi işini kurmaya karar verince, bazıları her şeyi bırakıp yurtdışına gidince kendi kanatlarıyla uçmanın ne demek olduğunu öğrenir.

Kendi kanatlarıyla uçmak bazılarına göre özgür olmak, bazılarına göre özgün olmak, bazılarına göre ise adam yerine konmaktır.

Kendi kanatlarıyla uçmanın anlamı bazıları için özgür olmaktır. Kendi sınırlarını kendi çizebilmek, istemediğini sınır dışı edebilmektir. Özellikle gençler ve başkalarına bağımlı durumda olanlar için özgürlük anlamı baskındır.

Bazı insanlar için ise kendi kanatlarıyla uçmak kendi özgünlüğünü koruyabilmektir. Toplumun ona uygun gördüğü kalıba uymayan ruhunu savunmaktır. Hazır hayat şablonlarının dışında kalıp, kendi biricikliğini yaşayabilmektir. Cummings'in dediği gibi: "Bütün gücüyle seni diğerlerinden farksız yapmaya çalışan bir dünyada, kendin olarak kalabilmek, dünyanın en zor savaşını vermek demektir. Bu savaş bir başladı mı, artık hiç bitmez."

Bu bakış açısını en iyi anlatan kitap Richard Bach'ın yazmış olduğu "Martı"dır. Bu kitapta Martı Jonathan Livingston'un öyküsü üzerinden özgürlük ve özgünlük mücadelesi anlatılır.

Martı Jonathan Livingston, sadece yemek bulmak için uçmanın anlamının olmadığını, daha iyisini yapabileceğini düşünür. Tabii diğer martılar onu yadırgar, onun saçma sapan işlerin peşinde olduğunu düşünürler. Bir martının kendini daha iyi, daha hızlı, daha yükseğe ve daha gösterişli uçmaya adamasının hiçbir anlamının olmadığını söylerler ona. Hatta Jonathan'ı dışlar, yaşam alanlarından uzaklaştırırlar. Çünkü sürekli yeni şeyler dener bu martı. Kimsenin düşünmediklerini düşünmeye, yapmadıklarını yapmaya çalışır.

Jonathan da sıkılır bu durumdan. Diğer martılarla aynı dili konuşmadığını, yaşama farklı açılardan baktıklarını görür.

Sonunda martı konseyi toplanır ve onun görüşlerini tartışırlar. Sonunda onu sürgün etme kararı alırlar. Konseyin düşüncesi şudur: "Yaşam bizim için meçhuldür. Bilebildiğimiz tek şey bu dünyaya yemek ve olabildiğince çok yaşamak için geldiğimizdir." Jonathan'ı aralarından kovarlar.

Martı Jonathan bir süre sarp kayalıklar bölgesinde yalnız kalır. Yalnız kalsa da bildiği gibi yaşamaya, kendine özgü uçuş denemelerini yapmaya devam eder.

Sonra bir gün kendisi gibi düşünen ve hareket eden az sayıda martı ile yolu kesişir. Özgün uçma denemelerinin sonunda istediği uçuşları yapar. Kendi olma savaşını kazanmış, farklılığını koruyabilmiştir.

Kendi kanatlarıyla uçmak, bazıları için de özgür ya da özgün olmak değil "adam yerine konmak" anlamına gelir. Bu grubun en büyük dileği, hayata tutunabilmek ve asgari insani önemi görmektir. Kendi kanatlarıyla Anadolu'dan uçup İstanbul'a ilk defa konanların aklından geçenler bu duruma örnektir.

İbrahim Tatlıses "Hülya" adlı filminde bu, adam yerine konma özlemini çok güzel özetler: *"Çok büyüksün İstanbul... Kim bilir kimleri yuttun. Ama beni yutamayacaksın. Bir gün o kadar büyüyeceğim ki, sen bile bana dar geleceksin. Hatta bir gün gelecek bana "İbo" diyemeyeceksin, "İbrahim bey" diye hitap edeceksin."*

İster özgür, ister özgün, ister önemli olmak için uçulsun, değişmeyen şey bunları yapabilmek için kendini geliştirmek ve başarılı olmak gerektiğidir. Kendi kanatlarıyla uçmak bağımsız olmak demektir. Bağımsızlık da başarılı insanların ayrıcalığıdır. Özgür ve özgün olmak istiyoruz, o halde başarılı olmalıyız. Kimseye muhtaç olmak istemiyoruz o halde başarılı olmalıyız.

Kendi kanatlarıyla uçmak bir yaşam tarzıdır.

Kendi kanatlarıyla uçmak kısa süreli bir taktik hareket değil; bir yaşam tarzı, bir tavır, bir duruştur. Ona uygun bir hayat felsefesi, inançlar, düşünceler, davranışlar ve alışkanlıklar oluşturmak gerekir.

Nedir bu yaşam biçiminin özellikleri? Kendi kanatlarıyla uçmak, özgürlüğü ve kendi ayakları üzerinde durabilmeyi seçmektir. Her gün yeni bir şey öğrenmek, kendine eklemeler yapmaktır. Yarın bugünden daha iyi bir yerde olmak için çabalamaktır. Elinden gelenin en iyisinin bir fazlasını yapmaya çalışmaktır.

Bilginin gücüne inanmak, düşünmeyi sevmek, kendi iç hallerini tanımak için çabalamaktır. Kendi en iyi versiyonunu bulmaya çalışmaktır. Başarının insanın kendi ellerinde olduğuna inanmaya cesaret etmektir.

Kendi kanatlarıyla uçma dersleri üç aşamalıdır.

Kendi kanatlarıyla uçmak, temel hareketler, artistik hareketler ve karakteristik hareketlerden oluşur. *Temel hareketler,* yerden havalanmak, havada kalabilmek ve gerektiğinde yere konabilmektir. *Artistik hareketler,* yapıldığında başkalarının hayranlığını kazandıran yetenek gösterileridir. *Karakteristik hareketler* ise, uçanın tarzını ve karakterini ortaya koyan, "ona özgü" hareketlerdir.

Bu hareket biçimleri sosyal hayattaki başarı için de geçerlidir. Temel hareketler, bir işi veya mesleği en azından ortalamanın biraz üzerinde yapabilen, kimseye muhtaç olmadan kendi ayakları üzerinde yaşayabilen, evi, işi, yeri belli biri olmaktır.

Artistik hareketler, yapıldığında insanları şaşırtan şeylerdir. Mesela gazetelere haber olmak, ödül almak, pahalı arabalar almak gibi. *Bu tür şeyler insanın egosunu okşar ama aynı zamanda hem hayranlık hem de kıskançlık enerjisini harekete geçirir.*

Karakteristik hareketler ise sizin başarı tarzınızı ortaya koyan hareketlerdir. Kariyeriniz ile karakterinizi bütünleştiren, içinizi yansıtan davranışlardır. Sizin en iyi yapabildiğiniz (ve mümkünse en iyi sizin yapabildiğiniz) hareketlerdir.

Başarıya götüren yukarıdaki üç hareketin kendi arasında bir hiyerarşisi vardır. Önce temel hareketleri öğrenmek, sonra artistik hareketlere geçmek gerekir. Cin olmadan adam çarpmak tehlikelidir! Artistik hareketleri de öğrendikten sonra, artık kendi karakteristik tarzını oluşturmaya geçilmelidir.

Kuşlar birlikte uçabilir ama herkes kendi kanatlarıyla kendini taşır!

İnsanların kanatlara bakış açıları farklı farklıdır. Bazıları başkalarının kanatları altına sığınarak yaşamayı sever, bazıları kendi kanatlarıyla uçmayı. Bazıları başkalarına kol kanat germeyi sever, bazıları başkalarının kanatlarını kırmayı.

İnsanlar bazen korkudan bazen sevgiden başkasının kanatları altında yaşarlar. İnsanlar bazen özgürlüğe düşkünlükten, bazen başarı tutkusundan kendi kanatlarıyla uçmayı isterler. İnsanlar bazen şefkatten bazen güç gösterisinden başkalarına kanat gererler. İnsanlar bazen içlerindeki kötülükten, bazen yarış içinde kendilerini kaybettiklerinden başkalarının kanatlarını kırarlar.

Kendi kanatlarıyla uçabilenlerin uçma nedenleri de, uçma şekilleri de farklı farklıdır. Bazıları kartallar gibi yüksekten ve tek başına, bazıları ise kargalar gibi alçaktan ve sürüyle uçarlar. Nasıl biri olduğunuz, hangi tarzı tercih edeceğinizi belirler.

Kendi kanatlarıyla uçmak, bencillik ve aşırı bireysellik şeklinde yorumlanmamalıdır.

Kendi ayakları üzerinde durabilen ama gerektiği zaman, gerektiği kadar başkalarıyla da işbirliği yapabilen insan olmak mümkündür. *Tıpkı kuşlar gibi; kuşlar birlikte uçabilir ama herkes kendi kanatlarıyla kendini taşır!*

Kendi kanatlarıyla uçmanın en büyük ödülü nedir?

Kendi kanatlarıyla uçmanın en büyük ödülü, kimseye muhtaç olmadan, özgür, özgün ve önem verilen biri olarak yaşayabilmektir. Kendi kanatlarıyla uçabilenlerden olduğunu bilmek, başlı başına bir ödüldür. Kimseye yük olmadan, kendi başına kendini taşıyabilmek bir onur ve mutluluk nedenidir. Başkasının eline bakmadan, kimseye onursuzluk derecesinde katlanmadan, çaresizlikler içinde sızlanmadan, kendi istediği yoldan, içinden geldiği kadar yürümekten daha güzel ne olabilir ki?

İnsan kendi kanatlarıyla ilk uçuşlarını başarıyla tamamladığında neler hisseder? "Ben de yapabildim" keyfi anlatılmaz, yaşanır! Artık kendi kendine yetebildiğini gören kişi, kendisinden sıkı bir iç alkış alır. Bu da kişinin özgüveninin artmasına katkıda bulunur. Kişi kendisiyle gurur duymaya başlar. Gözünün feri canlanır.

Kendi hayatından sorumlu olmak, o kişiyi disipline eder. Kişinin kendisi ve başkaları üzerindeki gücü ve kontrolü gelişir. Kendisine egemen oldukça, çevresine de egemen olmaya başlar. Çoğu durumda diğer insanlara liderlik etmeye başlar.

Kendi kanatlarıyla uçabilmenin ödülleri kadar bedelleri de vardır.

Kendi kanatlarıyla uçabilmenin ödülleri kadar bedelleri de vardır. Özgürlüğü seçtiğiniz için her zaman ödüllendirilmeyi beklemeyin. *Başkalarının kanatları altında, bağımlı bir köle olduğunuzda, özgür, güçlü ve mutlu olmazsınız ama güvende ve sahip çıkılan biri olursunuz.* Efendiler kölelerini korur, onlara sahip çıkar, onları besler, çünkü onlardan çıkarları vardır. Eğer başka kanatların altında yaşayacaksanız itaatkârlık, sadakat ve kanaatkârlık size düşen görevlerdir.

Kendi kanatlarınızla uçtuğunuzda, tutsaklık halini, etinden, sütünden, tüyünden yararlanılan olmayı reddediyorsunuz demektir. Bu da yetmez, kafesten çıkarak o kafesteki diğer tutsaklara da esaretlerini hatırlatmanız kaçınılmazdır. Bilmelisiniz ki; *bir kölenin özgürlüğüne kavuşması, efendilerden çok diğer köleleri incitir.*

Bu yüzden ilk uçuşunuzda bazı insanlar içten içe başarısız olmanızı isteyerek sizi izler. Hatta bu insanlar *sahte destek gösterilerinde* bile bulunabilir. Bir kafesten özgürleştirip, başka bir kafese tıkmaya çalışanlar da olacaktır.

Kendi kanatlarıyla uçmak demek, bağımsızlık ilanı demektir. Bağımsızlık, Goethe'nin deyişiyle *her gün hak edilmesi gereken* bir şeydir. Bağımsızlık bedel ister. Nedir bu bedeller? Daha akıllı olmak ve zekânızı en üst seviyede kullanmak zorunda kalacaksınız. Sorumluluk bilinciniz ve kendinizi yönetme becerileriniz çok önemli hale gelecek. Çoğu işinizi kendiniz görmek, işinizi her zaman diğerlerinden iki kat daha iyi yapmak zorunda kalacaksınız. Ekonomik yönden kendinizi güçlendirmeniz, hesabınızı bilmeniz gerekecek.

Psikolojik yönden de kendinizi beslemelisiniz. Zor zamanlarınızda kendinize dayanarak güçlü duracaksınız. Çoğu zaman kendi başınıza kendi yaralarınızı saracaksınız. Kıskanılacak, kurnazca oyunlara maruz kalacaksınız. Kendinizin hem terapisti, hem öğretmeni, hem de yargıcı olacaksınız. Kendi kendine yetebilen, özgür, güçlü ve mutlu bir insan olsanız da bazen kendinizi yalnız, öteki, azınlık hissedeceksiniz. Toplumun çoğunluğu başarısızlık dayanışması içinde yaşarken, kendi gücüyle ayakta duran başarılı azınlıktan olacaksınız.

Tüm bunlara değer mi? Kendi kanatlarıyla uçmanın da kafeste esir kalmanın da bedelleri var. Kölelik de bedel ödetir, özgürlük de. Ben kendi kanatlarıyla uçabilmenin ödülünün tüm bedellerine değeceğine inananlardanım. Ama size kendi yargılarımı yüklemek istemem. Siz kendiniz için en doğru olana, isteklerinize ve fabrika ayarlarınıza göre kendiniz karar vermelisiniz.

Ben seçeneklerinizi tanımlarım, seçimlerin sonuçları üzerine sizi aydınlatmaya çalışırım, son kararı size bırakırım. Bu hayat sizin. Engelleri aşacak olan da, ödülleri alacak olan da sizsiniz. Kendiniz için en doğru olanı siz seçebilirsiniz. Kendiniz için en doğrusunu seçemeyecek durumda olduğunuzu düşünseniz dahi, seçim yapması gereken sizsiniz. Kendi kanatlarınızla uçmanızın birinci şartı, kendi kararlarınızı alabilme cesaretinizi ve becerinizi ortaya koymanızdır.

Kendi kanatlarıyla uçmaya kendini nasıl hazırlamalı insan?

Kendi kanatlarıyla uçma zamanı geldiğinde, bu kararı almak, kalkıp yapılması gerekeni yapabilmek çok önemlidir.

Bazen öyle bir an gelir ki, kendi kanatlarıyla uçmanın bedelini bir dönem için ödemeyen insanlar, kendi kafeslerinde kalmanın bedelini bir ömür boyu öderler. Gitmek zamanı geldiğinde iyi düşünmeli ama kararsız kalmamalı, ödenmesi gereken bedel varsa ödemeli, çekeceği acıları yiğitçe yaşamalı insan.

Baş+arı k(u)rallarını iyi tanımak gerekir. Baş+arı kraliçesi iki tür insanı (2-H) sevmez: Onu ***h**ak etmeyenler* ve ona henüz ***h**azır olmayanlar*. Başarısızsanız o geldiğinde hazır olmalı, başarılıysanız onunla olmayı her defasında hak etmelisiniz. O, kendine çok değer veren bir kraliçedir, sadece *işinin kralı* olanların onunla olmayı hak ettiğini düşünür.

Kendi kanatlarıyla uçmaya kendini nasıl hazırlamalı insan? Karar almak, bir şeyler yapmak zamanı geldiğinde önce içine dönmeli, kendi içinde yürümeli, aynada gözlerinin içine bakmalı. Gideceği yön için aklının ve kalbinin onayını almalı. Hem gece aklıyla, hem gündüz aklıyla düşünmeli. Zihni bir tür "akış hali"nde çalışmalı. Albümündeki çocukluk resimlerine bakmalı. Bol ağaçlı bir parkta, temiz hava alarak yürürken düşünmeli. Şehri tepeden gösteren bir yerden yaşadığı şehri seyrederek düşünmeli. Hayata başladığı yeri, o ana kadar geldiği yeri, gelecekte olmak istediği yeri düşünmeli. İlk büyük başarısında kendisini sonuca götüren iç güçlerini davet etmeli, o ruhu tekrar çağırmalı. Ve bilmeli ki; "Korku yetersiz hazırlıktan doğar, şans en hazırlıklıya yarar."

Test uçuşu: Kendi kanatlarıyla uçma provaları yapmak!

Nerede uçma tutkusu varsa, orada düşme korkusu da vardır. Korkuya karşı en iyi çözümü Napolyon bulmuştur: *"Cesurlar hiç korkmayan değil, korkuya rağmen yapılması gerekeni yapanlardır!"* Yani, korksan da vazgeçme!

İçimizdeki korkuyu yönetmek için elimizdeki araçlardan biri de prova yapmaktır! Sanat ve spor dünyasında provalar, başarısızlıkların tümünü önceden gizlice yaşayıp, başkalarının önüne başarılı bir şekilde çıkabilmek için icat edilmiştir! Defalarca yapılan başarısız provadan sonra bir tiyatro başarılı bir şekilde sahneye konur. Antrenmanlardaki defalarca başarısız denemeden sonra başarılı dünya rekoru kırılır.

Bu taktik kendi kanatlarıyla uçma korkusunu yenmek için de kullanılabilir. Test uçuşlarıyla "ya yapamazsam" korkusu yenilip başarı güveni geliştirilebilir. Sadece güven değil, kendi kanatlarıyla kendini taşımak için gereken ruhsal ve fiziksel kaslar da bu antrenmanlarla güçlendirilir. Yapılması gereken, önce en iyi şekilde hazırlanmak, sonra küçük adımlarla başlayıp gittikçe hedef büyütmektir. İnsan kendi kanatlarıyla uçmaya bir sporcu gibi kendini hazırlamalıdır. Kusursuz bir hazırlıktan sonra kişiyi ne bekler? Azimli şampiyon Mark Victor Hansen cevap veriyor: "Sen neye hazırsan, o da senin için hazırdır!"

Kafesin içinden çıkmak yetmez, kafesi kafasının içinden çıkarmayı da bilmeli insan.

Uçaklarda yolcu başına, sınırlı miktarda kargo yüklenmesine izin verilir. Uçaklar gibi, kendi kanatlarıyla uçan insanların da kafasında taşıdığı *psikolojik yükleri* bulunur. Bu yüklerin *miktarı* ve uçağa *doğru yüklenmesi* çok önemlidir. Hızlı yükselenler, içlerindeki bu "ağırlıklardan" kurtulmanın yollarını bulanlardır.

Bir kuşu kafesten çıkarmak, çoğu kez kafesi kuşun kafasından çıkarmaktan daha kolaydır! Kafeste yaşamış her kuş, biraz kafesini içinde taşır. Anılarında taşır. Bilinçaltında taşır. Uçağın kargo yükleridir bunlar.

Tutsaklık içine sinmiştir bazılarının. Esaret bağımlılık yapmıştır. Eric Fromm "özgürlükten kaçış" teorisinde, insanların aniden özgürleştirildiğinde özgürlükten ve kendi kararlarından korkup hemen kendilerini esir edecek liderler seçtiğini, Hitler örneği üzerinden anlatır.

Amerikalılar, *"Maymunu ormanın içinden çıkarabilirsiniz ama ormanı maymunun içinden çıkaramazsınız,"* der. Bir insanı yaşadığı çevreden çıkarabilirsiniz ama geçmişin izlerini içinden hemen sökemezsiniz. Köylüleri köylerinden çıkarabilirsiniz ama köylülüğü içlerinden o kadar kolay çıkaramazsınız. Geçmişin alışkanlıkları içlerinde gezinmeye devam eder.

Başarısızlık bölgesinden başarı bölgesine kendi kanatlarıyla uçan insanlar genellikle kendilerini geçmişte başarısızlaştıran bilgi, düşünce, alışkanlık ve gelenekleri de beraberinde taşırlar. *Bu kara bilgiler başarıya gidişte iç sabotajlara neden olur.* Kişinin başarılarını içinden yıkacak muhalif düşünce tohumlarıdır bunlar.

Herkesin yükü kendine göre değişir. Yaygın yüklerden bazıları şunlardır:

Alt sınıf alınganlıkları, alt sınıf gurur ve kompleksleri, gizli beklentilerle yaşama eğilimi, imalı iletişim kurma kültürü, arabesk düşünme ve söylenme alışkanlığı, aşırı derecede din merkezli düşünme eğilimi, kurnazlık kültürü, taşralı tavırlar, bağnazlık, eziklik, agresiflik... Tüm bunlarla donanmış halde başarının zirvesine çıkmak "züccaciye dükkânına girmiş boğa" durumuna düşürür insanı.

Peki ne yapmalı? Atabildiğini atmalı, atamadığını da aklın baş köşesinde değil, beynin arşiv odasında saklamalı. Bu yüklerden bir kalemde kurtulamayacağını bilmeli, sabırla yontmalı kendini. Kademe kademe kendini başarıya taşıyacak hale dönüştürmeli. Bir pergel gibi görmeli kendini, bazı değişmezlerini koruyarak diğer şeyleri değiştirmeli, bir ayağıyla sabit durup diğer ayağıyla yeni şeyler denemeli.

Başarısızlık bölgesinden çıkarken, geçmişe dair yüklerden taşıyabileceği kadarını almalı yanına. Yeni şeyler öğrenebilmek için bildiklerinin bir kısmını unutmalı.

Kendinize bir kendi kanatlarıyla uçma projesi yapın!

Başarı, bir entelektüel tartışma konusu değil, eylem ödevidir. Başarı için düşünmeyi eylem, eylemi azim, azmi de sonuç takip etmelidir. Düşünce ile eylemi bir araya getiren şey, somut bir başarı projesine sahip olmaktır.

Kendi kanatlarıyla uçmak isteyen her insanın aklında bir başarı projesi olmalıdır. *Başarı projesi sayesinde gündelik hayatta karşılaşılan her durum, insan, fırsat, fikir o proje içinde bir yerlere yerleştirilir.* Bir başarı projesinin olması, hayat nehri üzerine baraj kurmak gibidir, önünüzden akan her şeyden bir şekilde yararlanmaya başlarsınız. Başarı projesi kendinize değil, işinize konsantre olmanızı sağlar.

Kafanızda başarıyla ilgili bir sürü fikir var ama hayatınızda başarılı sonuçlar yoksa, yapmanız gereken şey kendinize bir başarı projesi yapmak. Düşünün: *Neyi yapmış olsaydınız, kendinizi başarılı sayardınız? Mevcut yaşam şartlarınızda, dıştan hiçbir yardım olmadan neyi başarsaydınız, insanlar size hayranlıkla bakardı?*

Uçan serçe, yatan kartaldan kısmetlidir!

Bazı insanlar, o kadar çok başarı planı yaparlar ki, düşünmekten, bir türlü eyleme geçemezler. *Bu durum biraz tembellikten kaynaklanıyormuş gibi görünse de, aslında gizli bir başarısızlık korkusundan da kaynaklanıyor olabilir.*

Eyleme geçmediği sürece, başarısız sayılmayacağı için çoğu kişi kendi içinde patinaj yapıp, başarılı ya da başarısız olduğunu ona gösterecek son adımı atmaz. Son-uçla yüzleşmekten kaçıştır bu.

Bu tür insanların planları, fikirleri çoktur ama skor tabelalarında bir şey yoktur. Oysa başarı için düşünmeyi ve planlamayı bir yerde bırakıp eyleme geçmek gerekir. Hayat eylemi ödüllendirir. Atasözüdür; *"Gezen tavşan yatan aslandan kısmetlidir!"*

Bazı insanlar yolunuzda durduğunda: Seninle, sensiz ya da sana rağmen!

Eğer bir hayaliniz varsa, bir grup insan size destek olur, bir grup insan hayalinize kayıtsız kalır, bir grup insan ise size engel olmaya çalışır. Bu sonuncu gruptan insanların bazılarıyla savaşmanız gerekebilir.

Amerikan dolarının üzerinde bir kartal resmi vardır. Bu kartal hız, çeviklik ve özgürlüğü ifade eder. Kartalın bir kanadında zeytin dalı, diğerinde ok bulunur. Bunun anlamı, "Barışı severiz ama gerektiğinde savaşırız!"dır. *Gariptir ama hayatta barış içinde yaşamak için bile, savaşı kazanacak kadar güçlü olmak gerekir!*

Hayatta bazen kendinizi olduğunuzdan yukarıya taşıyacak bir hayal kurarsınız. Tüm bunları düşünmekle yetinmeyip o hayaliniz için hazırlık yapar, onu projelendirir, onun için harekete geçersiniz. Bu sürecin bir aşamasında işler gelir, bir insanın kabulüne/iznine takılır. O kişi yolunuzda durup onay vermediği için ilerleyemezsiniz. Sussanız gönlünüz razı olmaz, söyleseniz sözünüz dinlenmez! Bir yandan onu kırmak, ona savaş açmak istemezsiniz ama diğer yandan da yolunuzdan dönmeyi kendinize yediremezsiniz.

Böyle bir durumda ne yapmalı? Kafa tutmadan kafayı dik tutmayı nasıl başarmalı?

Benim bu konudaki tavrım şudur: *Seninle, sensiz ya da sana rağmen!*

Bir hedefim varsa ve bu konuda biriyle birlikte hareket etmem gerekiyorsa, o kişi de onay vermiyorsa, net ve anlaşılır şekilde şunu söylerim:

"Ben bir hedef belirledim. Bunu seninle yapabilirim, birlikte başarırız. Bunu sensiz de yapabilirim. Daha da ötesi, sana rağmen de yaparım. *Seninle, sensiz ya da sana rağmen ben bunu yapacağım.* Bir süre sonra bu sonucu almış halimi göreceksin.

Şimdi pozisyonunu seç, hangi safta olacaksın? Yanımda, karşımda ya da herhangi bir yerde!"

Bu tavır herkeste her zaman işe yarar mı? Eğer ilişki değil iş merkezli başarı tarzını seçmişseniz, bir işi ülkenizde yaşayan herkesten daha iyi yapmaya azmetmişseniz, her geçen gün yeni şeyler öğreniyor ve kendinizi geliştiriyorsanız işe yarayacaktır. *Kafanızı dik tutabilmek için önce göğsünüzü kabartacak işler başarmalısınız.*

Çocukların kendi kanatlarıyla uçma kaslarını geliştirmek

Mevlâna'nın anlattığı bir doğan hikâyesi vardır. Padişahın doğanı bir gün saraydan kaçar. Yaşlı bir kadının evinin önüne konar. Kadın doğanı yakalayıp bir ipe bağlar. Kuşun önce kanatlarını, sonra tırnaklarını keser. Bir yandan da söylenir: *"Seni çok bakımsız bırakmışlar, kanatların ve tırnakların uzamış!" Doğanın bakımını yapmak adına, onu uçamaz ve avlanamaz hale getirir.*

Pek çok ailenin çocuklarını korumak ve kollamak adına, onları kendi kanatlarıyla uçamaz hale getirdiklerini gördükçe bu hikâye aklıma geliyor.

Çocukları kendi kanatlarıyla uçacak şekilde yetiştirmek çok önemlidir. Pek çok anne-baba bağımsız ruhlu çocuklar yetiştirmek yerine, kendine bağ(ım)lı çocuklar yetiştirmeyi tercih eder. Çünkü özgür ruhlu olmayan korkakları *kontrol etmek* daha kolaydır.

Bağımsız ruhlu ve özgür kişilikli, kendi kendine yetebilen, özgüvenli, kendi ayakları üzerinde durabilen ve kendi kararlarını alma cesaretine sahip çocuklar yetiştirmek için ne yapmalı? *Onları bir gün siz hayatlarında olmayacakmışsınız gibi yetiştirmeli ve kendi kanatlarıyla uçma kaslarını geliştirmelisiniz.* Bunun için de aşırı koruyucu olmayın, kendi işini kendi başına görmesini teşvik edin. Küçük yaştan itibaren, bırakın çocuk kendisi giyinsin. Bırakın kendi yemeğini kendi yesin. Sabırla kendi başına yapmasını bekleyin. Tabakları kendisi taşısın. Kırdığı *tabakları eğitim maliyetine yazın, hata maliyetine değil.* Tabii tüm bunlar temel hareketlerdir, ötesinde bir şeyler de bulup yapmak gerekir.

Çocukların sadece hatalarını değil başarılarını da yakalamak, başarılarını onların gözünden görebilmek de çok önemlidir. Bir tabak taşımak sizin için bir "başarı" değeri taşımayabilir ama bunu ilk defa yapabilen bir çocuk için Nobel ödülü kadar sevindiricidir.

Çocukla ailesi arasındaki ilişki mesafesini doğru ayarlamak hayati önem taşır. *Çocuğunuza kendi işini kendi başına görecek kadar uzak, size ihtiyaç duyduğunda yardım isteyebileceği kadar yakın durmalısınız.* Tıpkı bir alışveriş merkezine gittiğinizde mağaza görevlilerinin sizinle ilgilenirken durmasını istediğiniz mesafe gibi; ihtiyaç duyduğunuzda sesinizi duyacak kadar yakında, size yapışıp elbiseleri incelerken sizi rahatsız etmeyecek kadar uzakta durmasını istersiniz sanırım!

İşadamı Bülent Eczacıbaşı bir röportajında başarılı çocuk yetiştirmek için ne yapılması gerektiğini soran bir gazeteciye çerçeveletip asılması gereken bir cevap vermişti: *"Bu o kadar çok şeye bağlı ki... En üst düzeyde eğitimin önemine inanmak ama diploma ile hiçbir şeyin bitmeyeceğini bilmek. Bir alanda uzmanlaşmak ama genel kültür sahibi olmanın önemini de anlamak. Kendine güvenmek ama kendini başka insanlardan üstün görmemek. Azimli ve başarı için hırslı olmak ama şükretmesini ve yetinmesini de bilmek. Yaptığı işi ciddiye almak ama kendini çok fazla ciddiye almamak."*[8]

Binlerce başarı öyküsünü inceledikten sonra şaşırarak gördüm ki, anneler hem en büyük başarı azmettiricisi hem de en büyük azim bozan! Çocuğuna kendi kanatlarıyla uçmayı en iyi şekilde öğretebilecek olanlar da, onun kendi kanatlarıyla uçma cesaretini kırıp kendine bağımlı hale getirebilecek olanlar da onlar.

Sıradan bir ailenin çocuğu olarak doğup sıradışı işler başarma potansiyeli taşıyan çocuklar üzerine birkaç söz.

Sıradışı işler başarma potansiyeline sahip çocukların birçoğu sıradan ailelerin çocuğu olarak doğar. Bu çocukların durumu beni çok ilgilendiriyor, çünkü en sıkı başarı öyküleri bunlardan çıkıyor. Bu çocuklar benim ruh kardeşim olarak gördüğüm insanlar.

Az gelişmiş anne-babalar, fabrika ayarlarında açık ara üstünlükler olan bu çocuklarla ne yapacağını genellikle bilemez. Bu kartal ruhlu çocuklar için tavuklara özgü yetiştirme programı uygularlar. Sıradışı ruhluları, sıradanlaştırma eğitimidir bu. Bu eğitimin eleştirisi bir yana, bu konudaki tavır üzerine birkaç şey anlatmak isterim.

Thesseus ya da İkarus ruhuna sahip bir çocuğu olan annelerin en büyük ikilemi şudur: *Büyük adam olmak için doğmuş çocuğum yakınımda ama küçük mü kalsın, uzaklara gidip büyük mü olsun?*

Çocuğunuzun fabrika ayarlarında üstün savaşçılık var; yanınızda kalırsa sıradan biri olarak bir ömür yaşayacak, savaşa giderse kahraman olacak ama ölecek. Hangisini seçerdiniz?

Truva filmindeki bir sahne aynen bu durumu anlatır:

Achilles: *Anne, bu gece (savaşa katılmaya) karar vereceğim.*

Annesi: *Larisa'da kalırsan, huzur bulursun. Kendine güzel bir kadın bulursun. Oğulların ve kızların olur, onların da çocukları olur. Ve seni severler. Öldüğün zaman seni hatırlarlar. Ama çocukların ve sonra da onların çocukları öldüğünde adın unutulur.*

Truva'ya gidersen şan senin olur. Zaferlerin hakkında binlerce yıl hikâyeler yazarlar. Dünya adını hatırlar. Ama Truva'ya gidersen bir daha evine dönmeyeceksin. Çünkü şanın, ölümünle el ele yürüyor. Ve seni bir daha göremeyeceğim."

Siz bu annenin yerinde olsaydınız hangi yolu seçerdiniz? *Benim tanıdığım ortalama Türk annesiyseniz, tabii ki çocuğunuzu göndermezdiniz!* Kendi anneme sordum, o da göndermeyeceğini söyledi! Eminim, "Sağ olsun, benimle olsun, kalacaksa küçük kalsın," derdiniz. Size haklısınız ya da haksızsınız diyemem. Herkes kendi yaşam değerlerine göre davranır.

Sadece şunu bilmenizi isterim: *Çocuklar fabrika ayarlarında olanı yaşar. Eğer bir çocuk büyük adam olma geni ile doğmuşsa, ait olduğu yere gider; sizinle, sizsiz ya da size rağmen!* Olacak olanı geciktirebilirsiniz ama durduramazsınız. Erteleyebilirsiniz ama engel olamazsınız. Onlar yaşamın dünyayı düzenleme araçlarıdır.

Arjantinliler, efsane futbolcu Maradona'ya "Diego" derler, yani "tanrının eli!" *Nerede özel ruhlu bir çocuk varsa, orada tanrının özel bir planı var demektir.* Sizinle, sizsiz ya da size rağmen o plan gerçekleşir. Anne-baba olarak siz sadece safınızı seçebilirsiniz.

Kendi içimizde yeterince zaman geçirdik, dilerseniz kitabın bu kısmında, iç seyahatimize bir süreliğine ara verip başımızı göklere çevirelim. *İç dünyamızdaki uçuşumuzu geçici olarak bir yana bırakıp, içinde uçulan evrenin uçuş yasalarını, havada kanat açmanın doğal kanunlarını öğrenelim.* Uçakların yükselmesi ile insanların yükselmesi arasındaki benzerlikleri keşfedelim.

UÇAKLARDAN YÜKSELME DERSLERİ: KENDİ KANATLARIYLA UÇMANIN DOĞAL YASALARI NELERDİR?

Çocukken çoğumuz kendimize kanat takıp uçmanın hayalini kurmuşuzdur. Tarihimizde bunu aklından geçirmekle kalmayıp hayata da geçiren ilginç bir insan vardır.

Kendine kanat takıp uçmayı deneyen ilk Türk 11. yüzyılda, Nişabur'da yaşayan Cevheri adlı bir bilgindir.

Gözü kara bir kaşif olan Cevheri, paraşüt gibi havayı içinde tutarak hareket eden cisimler üzerinde yaptığı deneylerden sonra, bir gün kendi yaptığı kanatları kollarına takıp uçabileceğine inanır. İnanmakla da kalmaz bunu denemeye karar verir!

Nişabur'un en eski camilerinden birinin minaresinden kanatları takılı halde atlayacak, uçabildiği kadar ileri gidecektir. Olay halk arasında duyulunca kalabalık toplanmaya başlar. Aralarında padişahın da bulunduğu ülkenin ileri gelenleri de seyretmek için oradadır.

Cevheri hayalinin karşısına hayatını koymuştur. Minareden atladığında uçmaya başlamazsa, düşmeye başlayacaktır. Kanatlarını yanına alarak minareye çıkar. Kollarına dikkatlice bağlar. Kalabalığa bakar. Acaba başarabilecek midir?

Herkes nefesini tutmuş beklemektedir. Son kontrollerini yapar, duasını eder ve minareden aşağıya bırakır kendini!

Bir sorun vardır. Kanatların havayı yoğunlaştırarak, (yelpaze gibi) kendisini havada tutacağını hesaplamıştır ama kollarının o yelpazeyi açıp kapamaya yetecek güçte olup olmadığını dikkate almamıştır.

Minareden atladıktan sonra, havada birkaç çırpınma hareketi ve yerde yatan ölü bir bilgin kalır geriye. Hayali uğruna hayatını kaybeder.

Cevheri gibi insanlar aldıkları sonuçlar için değil cesaretleri için alkışlanmalıdır. Onun hayalini hayata geçirme cesareti en büyük başarısıydı. Sonunda ölüm de olsa, hiçbir tutkulu çaba boşa gitmez. Cevheri de çalışmalarıyla asırlar sonra Hezarfen Ahmet Çelebi'nin başarısına ilham verdi.

O, İkarus ruhlu biriydi. İmkânsızlıklar içinde yaşarken azmin gücüyle sıfırdan zirveye çıkmaya çalışan hemen her insanın içinde az ya da çok İkarus ruhu bulunur.

İkarus ruhu ne demektir?

İkarus olmak, yükselirken sınırları unutmaktır. Özgürlük ve öğrenme coşkusuyla kendini kaybetmektir. Asla yapılamaz denilen bir şeyi, ilk yapan olmak için kendini tehlikeye atabilmektir. İkarus olmak, "en"lerin sınırlarında yaşamaktır.

En uzağı, en büyüğü, en iyiyi, en ağırı, en yukarıyı denemektir. Tutkuyla istediği bir şey için bedel olarak hayatını ortaya koymayı göze almaktır.

İkarus olmak, bir ömür içinde bazen en üstü, bazen en dibi görmektir. İkarus olmak "haddini" bilmemektir. İkarus'u efsane yapan da bu sınır tanımazlığıdır!

İkarus cesarete eğitimden daha fazla inananların kahramandır.

İkarus olmak bazen tutkuyu düz mantıktan daha üstte tutmak, bir gün düşeceğini bile bile yükselmek, ne kadar yukarı çıkarsa yere düştüğünde canının o kadar acıyacağını bile bile yine de yükselmek, daha yukarıya çıktıkça kanatlarının yanacağını bilse de yükselmekten vazgeçmemektir.

İkarus, yükseklik korkusu nedir bilmeyenlerin ikonudur. İkarus olmak ortalama sağduyu standartlarına uymamak, kendi sınırlarını kendi koymaktır. Daha önce gidilememiş bir noktaya giderek insanlığın yapabildiklerinin limitini bir adım daha ileriye taşımaktır.

İkarus balmumundan yapılmış kanatlarla yükselmişti. İnsanlar ise akıldan yapılmış kanatlarla yükselirler. Aklın kanatları güneşe yaklaştıkça erimez, aksine güneş ışığından uzaklaştıkça aklın gözü kararır.

Kitabın buraya kadarki kısımda İkarus ruhu ve Thesseus cesareti egemendi. Bundan sonraki kısımlarda ise Daidalos tekniği daha ağırlıkta olacak. İkarus tutkusuna, Thesseus cesareti ve Daidalos tekniğini ekleyince içinizde "başarı Voltranı" oluşturdunuz demektir!

Daidalos günümüzde yaşasaydı kendi kanatlarıyla uçmak isteyenlere, hangi doğa yasalarını izlemelerini önerirdi?

Çocukluğumda uçakların nasıl olup da o dev cüsselerine rağmen uçabildiğini çok merak ederdim. Benim kağıttan uçaklarım iki metre gittikten sonra düşerken, dev çelik kanatlılar nasıl oluyordu da iki şehir arasında uçabiliyordu?

Yıllar sonra uçakların nasıl uçtuğunun teknik açıklamasını öğrendiğimde, bunun bir insanın sıfırdan zirveye yükselmesi ile ne kadar da benzeştiğini görüp çok şaşırdım. *Daidalos günümüzde yaşasaydı, bunu gençlere açıklardı diye düşündüm!*

Oğlu İkarus'a balmumundan kanatları nasıl kullanacağını açıklayan Daidalos günümüzde yaşasaydı kendi kanatlarıyla uçmak isteyenlere nelere dikkat etmelerini önerirdi?

Daidalos bir mimardı, dolayısıyla önce yapılacak işle ilgili doğa yasalarını öğrenmemizi isterdi. Biz de şimdi uçakların nasıl uçtuğuna dair fizik yasalarını öğrenmeye başlayacağız. Buraya kadar uçmanın *iç-psikolojik yasalarını* öğrendik, şimdi uçmanın *dış-fiziksel yasalarını* öğreneceğiz.

Fizik yasaları diğerlerinden farklı olarak doğa yasasıdır, kişiye göre değişmez, zamanla da değişmez, bu yüzden hafife almaya da gelmez! İkarusluk edip yarım dikkatle okumayın lütfen!

Aerodinamik kuvvetler denilen ve uçağın uçmasını sağlayan dört unsur; kaldırma kuvveti, yerçekimi kuvveti (ağırlık), itme kuvveti ve geri sürükleyici kuvvettir.

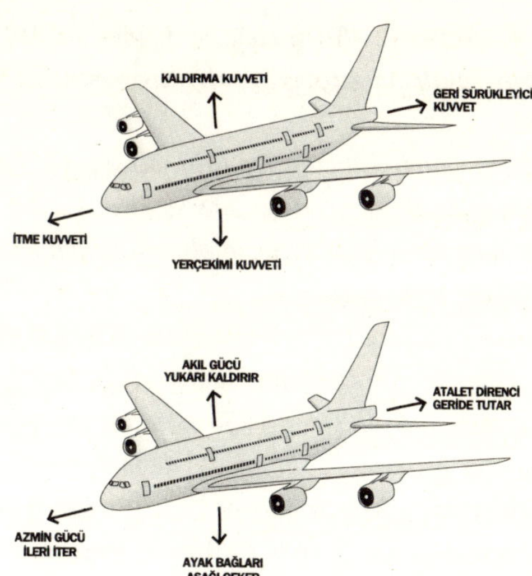

Bu dört kuvvet uçağın uçuşu sırasında birbiriyle çatışır. Yerçekimi kuvveti kaldırma kuvvetine karşı direnç oluşturur. Aynı şekilde itme kuvveti de geri sürükleyici kuvvete karşı direnç oluşturur. Bir uçağın havalanması için kaldırma kuvveti ile itme kuvvetinin diğer ikisini yenecek kadar güçlü olması gerekir. Normal bir hızda uçarken bu dört kuvvet birbirine eşit olmalıdır. Uçak inerken pilotun kaldırma kuvvetini ve itme kuvvetini giderek azaltması, en sonunda da yerçekimi ve geri sürükleyici kuvvetin altına indirmesi gerekir.

Sanılanın aksine uçağı havada tutan parçası motoru değil, kanatlarıdır. Motor sadece öndeki havayı alıp arkaya doğru iter ve bu, itme kuvvetini oluşturur. Bu güç sayesinde uçak ileri doğru hareket eder. Uçak ileri doğru hareket ederken kanadının şeklinden dolayı kaldırma kuvveti oluşur.

Uçakların kanatlarının çok özel bir yapısı vardır. Yandan baktığınızda kanadın üst yüzeyinin alt yüzeyine göre daha bombeli olduğunu görürsünüz. Alt yüzey ise hemen hemen düzdür. Bu şekil, uçağın kaldırma kuvvetini oluşturmasını sağlar. İşte işin sırrı budur.

Kanat hava içinde itme kuvvetinin yardımıyla hareket edince, hava üst düzeyde daha fazla mesafe kaydedip daha hızlı hareket eder. Hava akışı daha hızlı ve fazla olunca kanadın altında ve üstünde bir basınç farkı oluşur. Bu fark kanadın alt yüzeyinden yukarı doğru bir kaldırma kuvveti oluşturur. Uçağın sürati arttıkça bu kuvvet artar ve yerçekiminden daha güçlü hale gelir. Uçak da yavaşça havalanır. Kalkışta uçakların uzun bir pistin başından başlayıp giderek hızlanmasının nedeni de budur.[9]

Hadi itiraf edin, metni teknik bulup hızla üzerinden geçtiniz ama hatırlatırım İkarus da böyle yapmıştı ve sonu hiç iyi olmamıştı!

Uçakların nasıl uçarak yükseldiğini anlattık, peki insanlar uçakları örnek alıp nasıl yükselebilir? Kendi kanatlarıyla uçarken dikkate alınması gereken "doğa yasaları" nelerdir?

Uçaklarla ilgili anlattığım *fizik yasalarının sosyal yorumlarını yaparak* bu konuda fikir üretebiliriz.

Bir insanın kariyerinde yükselmesi, tıpkı uçağın yükselmesindeki gibi birbiriyle çatışan dört kuvvetin sonuçlarına bağlıdır. Bu **4-A** kuvveti, **A**kıl gücü, **A**yak bağları, **A**talet direnci ve **A**zim gücüdür. Buna kendi kanatlarıyla uçmanın 4-A yasası diyebiliriz.

Dört kuvvetin çatışmasının sonucuna göre insan yükselir ya da alçalır, yerinde sayar ya da geriye sürüklenir. Peki bu dört kuvvet aynı anda nasıl çalışır? *Aklın kanatları insanı yukarı kaldırır ama ayak bağları aşağı çeker. Azmin gücü insanı ileri iter ama atalet direnci geriye çeker.* Birbirine muhalif bu dört kuvvetten hangisi diğerine baskın gelirse, insan o yöne hareket eder. Dördü eşit olursa, insan hareketsiz (atalet hali) kalır.

Bu birbiriyle çatışan dört kuvveti iyi yönetebilenler ise yükselişe geçer. Peki bunun için nelerin bilinmesi gerekir?

Ders-1: İnsan aklını kanat gibi kullanarak kendini yükseltir.

Kuşlar nasıl kanatlarıyla yükselerek uçarsa, insanlar da aklın kanatlarıyla yükselirler. Aklın kanatları, o insanı ayak bağlarına rağmen uçurabilirse insan yükselmeye başlar. Ayak bağları, yerçekimi gibi, insanı aşağıya çeker. Büyük bir başarı projesi olan ama parası olmayan birinin ayak bağları parasızlıktır. Parasızlıktan başka, bazen engelleyici bir amir ya da aile, bazen çevredeki kıskanç insanlar başarı için ayak bağı olabilir. Ayak bağlarının aşağıya çekme gücü kanatlarının yükseltme gücüne yenilirse yükseliş başlar. Şair Can Yücel'in dediği gibi: *"Yerin seni çektiği kadar ağırsın, kanatların çırpındığı kadar hafif."*

Ders-2: İnsan içindeki azim gücünü motor gibi kullanarak kendini ileri itebilir.

Nasıl ki uçak karadayken motoru tarafından ileri itiliyorsa, azimle çalışmak da insanı öyle ilerletir. Kaynağını insan iradesinden alan azim gücünün en büyük rakibi, onu durdurmaya çalışan atalettir. Atalet, hareketsizlik demektir. Tembellik, miskinlik, ertelemecilik, ağırkanlılık, üzerine ölü toprağı serpilmiş gibi hareket etmektir.[10] Atalet direnci (tembellik) azimden fazla ise, kişi olduğu yerde kalır. Eğer kişinin azminin gücü, ataletinin direncini yenerse o zaman kişi ilerlemeye başlar. Peki ilerleyen her şey neden yükselemez?

Ders-3: Hızlı yükselmek isteyenler azmine akıl eklemelidir!

Bazı insanlar azimle çok çalışır, çabalar ama yine de yükselip üst makamlara gelemez. Bu kişiler zamanla çalışmanın gücüne inançlarını yitirip, "Bu ülkede çok çalışmakla bir yere gelinmiyor," demeye başlarlar. Bu durum bir otomobilin, uçak pistinde son sürat ilerlerken, sadece ilerleyip yükselememesine benzer.

Sorun şudur: *Azim ilerletir ama insanı yükselten akıldır!*

Azim, ileri iten motordur ama akıl insanı yükselten kanatlardır. Azimli olduğu kadar akıllı da olan, azmine akıl ekleyen bir kişi bu sorunu çözecektir.

Ders-4: Kanadı açık halde ilerlerken en önemli nokta "take off" noktasını kaçırmamaktır.

Başarılı bir kariyer yükselişi de bir uçağın kalkışı gibi üç şeye bağlıdır: Doğru zaman, elverişli zemin ve uygun iklim! Uçak doğru zemini (pist), doğru zamanı (hava trafiğinin durumu) ve doğru iklimi (yağış durumu) bulduktan sonra kanadı açık halde hızla ilerlemeye başlar. Bu ilerleme uçuş için eyleme geçme anıdır. Kalkışla beraber, *tekeri yerde olmanın* sınırlayıcılıklarından kurtulur uçak.

Uçağın tekerlerinin yerden kesildiği ana "take-off "anı denir. İş dünyasında da "take- off" terimi, "ayakların yerden kesildiği nokta", "kanatlanıp uçulan an" anlamında kullanılır. Doğru zamanı, doğru zemini ve uygun iklimi bulduğunda hemen harekete geçip, "take-off" noktasına ulaşıp ayaklarını yerden kesemeyenler, bu üçlüden herhangi birindeki ani değişimden sonra fırsatı kaçırabilirler.

Bu yüzden, doğru zamanı, doğru zemini ve doğru iklimi bulunca hemen *"ayaklarını yerden kesecek"* doğru bir hareket yapmak gerekir.

Ders-5: Yerde sürünürken başka, havada süzülürken başka kurallara uymak gerekir!

Uçak ayakları yerden kesilmeden önce pistte giderken otomobil gibidir. Havada kendi kimliğini bulur, kendi olur. Karadayken ait olmadığı yerdedir, fil gibi hantaldır. Fakat "uygun zeminini (pisti) bulunca" birden hızlanır. Doğru zeminde, birden hızlanarak yükselmeye başlar. İnsanların ilk yükselişleri de böyledir.

Yükselişle beraber, uçağın tekerleri yerden kesilir ve artık zemindeki kuralların dışında bazı kuralların izlenmesi gerekir. Bu, başarılı olmak için kullanılan bazı yolların, başarılı kalmak için yetmemesine benzer. Zemin şartlarında geçerli olan yollardan bazıları, zeminden yükseldikten sonra geçerli olmamaya başlar. Şartlar değişince, kurallar değişir. *Uçağı yerden havalandırmak için uyulması gereken kurallar ile havada uçurmak için gerekenler farklılaşır.* Aynı durum sosyal başarı için de geçerli olduğundan, politikacılar seçilmeden önce ve seçildikten sonra farklılaşırlar!

Ders-6: Kazaların %98'i ya uçak kalkarken olur ya da inerken!

Uçmak birkaç aşamadan oluşur. Kalkışa hazırlık, kalkış, havada hedefe doğru yol alma, inişe hazırlık ve iniş. Bunlardan hangisi zor ve tehlikelidir? İstatistiklere göre kazaların %98'i ya uçak kalkarken ya da inerken olur!

Kariyer kazaları da ya ilk yükselişe geçilen dönemde ya da inişe geçilen dönemde olur. Bazıları doğru başlayamadığı için başarısız olur, bazıları doğru bitiremediği için. Başarının en kritik anları, başlama ve bitirme zamanlarıdır. İnsan kalkışa da inişe de, yükselişe de düşüşe de, uçuşun her haline zihnen hazırlamalıdır kendini.

Ders-7: Uçak havadayken, otomatik pilotla kullanılabilir hale gelir.

Uçaklar kalkış ve inişlerde pilotlar tarafından kullanılır ama sonra havada ilerlerken bazen otomatik pilota bağlı halde kullanılabilir. Kariyer işlerinde de durum biraz böyledir. *Bir alanda hızla büyümeye başladığınızda siz de göreceksiniz ki, büyüklükte bir eşiği geçtiğinizde, başarınız sizin fazla çabalamanıza gerek kalmadan kendi kendini büyütmeye başlayacak.* Mesela iş hayatına sıfırdan girdiğinizde, ilk bin dolarınızı kazanmak için köle gibi çalışmanız gerekir. Yüzüncü bin dolarınız için o kadar çaba gerekmez. Hatta eğer bir gün bankadaki paranız bir milyon doları geçerse, bin dolar için hiç çalışmanız gerekmez!

Servet gibi şöhret için de bir kritik eşik vardır. Medyada ilk haberlerinizin çıkması için çok çaba harcamanız gerekir ama hakkınızdaki haber sayısı bir eşiği geçtiğinde siz istemeseniz de -ki çoğunlukla istemezsiniz!- medya hakkınızda sürekli haber yapmaya başlar. Şöhretiniz sizden bağımsız bir şekilde büyümeye başlar. Çabasız bir şekilde ününüz çoğalır, çünkü kritik eşiği geçince her şey kendini büyütmeye başlar.

Başarı da, şöhret de, servet de başlangıçta zordur ama bir eşiği geçtikten sonra –bu durum yükselen roketin yerçekiminin etkisinden çıkmasına benzer- az çabayla çok büyüme kolaylaşır. Dilerim bir gün, başarınızın kendi kendini büyütmeye başladığı, o eşiği geçersiniz. Bu eşiği geçince başarınız başarı doğuracak, geçemediğiniz sürece başarı için dokuz doğurmaya devam etmek zorunda kalacaksınız!

Kariyerli bir hayat uçak yolculuğuna, kariyersiz hayat kara yolculuğuna benzer!

Sadece uçaklardan değil, uçak yolculuklarından da çıkarılabilecek başarı dersleri vardır. Hayat, bulunduğumuz yer ile gitmek istediğimiz yer arasında geçen bir yolculuksa, kariyerli insanlar uçak yolcularına benzerler. Kariyersizler ise, otobüsle, atla ya da yaya gidenler gibidir.

Eğer bir uçak yolcusu olmak istiyorsanız, anons dilini iyi anlamanız gerekir. Aklını başarıya takmış bir insan olarak uçuş sürecinde duyduğum hemen her anonsu, kariyer dünyasına tercüme ederim. Ben birkaçını yazayım, geri kalanını siz keşfedin.

Anons 1: *"Bu sizin için son çağrıdır!"*

Bu anons bana yaşlanınca kendine hesap vermeyi hatırlatıyor!

Siz de bir düşünün; şu anda hayatınız bir yöne doğru akıyor, peki siz ne yapıyorsunuz? Bir şeyler yapmak gerekiyor ama hiçbir şey yapmıyorsanız, muhtemelen gelecekte istemediğiniz bir yerde olacaksınız.

Böyle giderse ömrünüzün son on yılı nasıl geçecek? Bir gün emekli olup evinizde sallanan koltuğunuzda tek başınıza oturup hayatınızı düşünürken kendinize hayatınız hakkında neler söyleyeceksiniz? Geçmişte yaptıklarınız ve seçimleriniz nedeniyle kendinizi nasıl yargılayacaksınız? Kendinize saygı duyacağınız bir öykü çıkacak mı ortaya? Anlamlı ve iz bırakan bir hayat yaşadığınızı düşünecek misiniz?

Yaşamak istediğiniz hayatı, yaşadığınız hayatı, aradaki farkları, bu farkları kapatmak için yapılması gerekenleri ve hemen şimdi yapabileceklerinizi bir düşünün. Kalkın ve hemen bir şeyler yapın. Yarın geç olmadan, hayatınıza sahip çıkın. "Bu sizin için son çağrıdır!"

Anons 2: *"Kabin basıncı düşünce, oksijen maskeleri koltuğunuzun üstünden açılacaktır. Çocuklu annelerin önce kendi maskelerini, sonra çocuklarının maskelerini takması gerekmektedir."*

Uçak kalkarken duyulan bu anons ilginç bir tercih noktasını vurguluyor bence; akıl mı, anlık psikoloji mi? Akıl der ki; ani kabin basıncı düşüklüğünde, az zamanda oksijenle bağlantı kurmak gerekir. Her saniye kritiktir. Bu yüzden önce kendi maskenizi takın. *Önce çocuğunuzunkini takmayı denerseniz, o panik halinde çocuk maskeyi çıkarmaya, siz takmaya çalışırken, kendiniz de oksijensiz kalıp kontrolünüzü kaybedebilirsiniz.* Oysa önce kendi maskenizi takarsanız, sonra çocuğunuzla rahatlıkla uğraşabilirsiniz. Akıl böyle der de, biz ne yaparız? "Fedakâr anne" kimliği gereği ile mantıklı anne olmanın gereği çatışınca ne yaparız? Mantıklı olmanın gereği ile anlık psikolojimiz çatışınca ne yaparız? Bu anons başarıda çok kritik bir durumu vurgular.

Anons 3: "*Şimdi iniş için alçalmaya başlıyoruz! Lütfen yerlerinize dönün, koltuklarınızı dik, masalarınızı kapalı duruma getirin ve kemerlerinizi bağlayın!*"

Bu, son anonslardandır. Yükselen her şeyin bir gün inişe geçeceğini hatırlatır. İnsan yükselişine nasıl hazırlamışsa kendini, inişe de o kadar özenle hazırlanmalıdır.

Sırada kendi kanatlarıyla uçmak için bilinmesi gereken sosyal başarı dersleri var.

Önce bu derslerin önemini anlatan bir fıkra anlatmak isterim.

Bir gün bir uçakta, çeşitli hayvanlar seyahat etmektedir.

Karga bin bir muziplik yapıp hosteslere laf atar, diğer yolcuları rahatsız eder. Onun yaptığı her şeyin yanına kâr kaldığını gören eşek de benzer şeyler yapmaya başlar.

Bir süre sonra, güvenlik gelir. Uçağın kapısını açıp eşek ile kargayı tuttukları gibi pencereden aşağı atarlar.

Eşek şaşkın bir şekilde aşağıya doğru düşerken, karga uçarak yanına gelir. Karga halinden gayet memnun, muziplik yapmaya devam etmektedir ama eşek aşağıya düşüyor olmaktan dolayı panik halinde sorar:

-Ben ne yapacağım şimdi?

Karga cevap verir:

-Eee, sen de madem uçmayı bilmiyorsun, neden eşeklik ediyorsun?!

İşte sosyal hayatta başarı dersi-1: Henüz kendi kanatlarıyla uçmayı öğrenmeden eşeklik etmeye başlamamak gerekir!

KENDİ KANATLARIYLA UÇMAK İSTEYENLER İÇİN YENİ BİR "BAŞARI MÜFREDATI"

Sais'teki Siuph kentinde doğmuş olan Amasis önceleri sıradan bir adamdı. Mısırlıların gözünde pek değerli biri değildi. Bir süre sonra sıkı bir mücadeleyle Mısır tahtını ele geçirdi. Bu başarısından sonra aniden Mısırlılar onu takdir etmeye başladılar!

Başarılı olduktan sonra insanların ona karşı davranışlarının değiştiğini gören Amasis, bunu kendine hatırlatmak için ilginç bir yol buldu.

Yunanlı tarihçi Heredotos, "Tarih" adlı kitabında bu olayı şöyle anlatır:

"Hazinesinde altın bir tas vardı. Tasın içinde ayaklarını yıkardı. Tası kırdırdı ve bununla bir tanrı heykeli yaptırıp kentin ortasına diktirdi. Bunda eskiden ayaklarını yıkadığını söyledi. İnsanlar eskiden bu tasın içine işiyorlar, ayaklarını yıkıyorlar ve kusuyorlarken, şimdi onun önünde diz çöküyorlardı. Kendi kaderini de bu tasa benzetiyordu. Eskiden önemsiz bir adamken, şimdi kral olmuştu ve herkes ona hizmet ediyordu."

Shakespeare bu olayı duysaydı, "*Başarmak ya da başaramamak, işte bütün mesele bu!*" derdi. *Acı ama gerçek, başarımız kadar adam yerine konuyoruz.* Başarımızın büyüklüğü kadar saygı görüyoruz. Hatta neyi başarırsak, ona göre tanımlanıyoruz.

Başarısızsak, "anonim"leşiyoruz.

Bir iş başaramadın, o halde yoksun!

Ne ilginçtir ki, Orta Asya Türk topluluklarında başarılı olmayan çocukların adı yoktur!

Eski Türk töresine göre, çocuğa doğar doğmaz isim konmaz, gerçekleştirdiği ilk büyük başarısına göre ona bir isim verilir. Dede Korkut hikâyelerinden birinde, bir çocuk azgın bir boğayı cesurca mücadele ederek yener ve bu başarısından sonra adı "Boğaç Han" olur.

Peki ya kayda değer hiçbir iş başaramayan çocuklar? Tarihçilere göre ilk on dört yıl beklenir, bu sürede çocuk isimsiz yaşar! Bir tür *anonim insan* hayatı! Bu sürede çocuk bir şey başaramazsa, süre sonunda obaya gelen ilk yabancının ismi o çocuğa verilir. İlk görülen "yabancı" insan olabildiği gibi, hayvan da olabilir. Geyik ise çocuğa geyik ismi verilir, tilki ise tilki!

Bu uygulamayı eski Türklerin başarıya ne kadar değer verdiklerinin bir kanıtı olarak görüyorum. Eğer Orta Asya steplerinde yaşanan bu gelenek devam ediyor olsaydı acaba adınız ne olurdu? *Adınızı ilk büyük başarınızdan aldığınızda insanlar sizi nasıl çağırırdı?*[11]

Hindistancevizi ağacı üzerinde hayata tutunma testi!

Hayatta başarılı olacak çocukları belirlemekten daha dramatik yol, başarısız yaşlıları belirlemektir. Kültürel antropoloji tarihinde bu konuda oldukça ilginç örnekler bulunur. İlkel bir toplulukta insanların "son kullanma tarihini" ölçen acımasız bir testi *Yaşasın Hayat*'ın yazarı Prof. Osman Müftüoğlu anlatmıştı.

"Afrika ya da Hint denizinde bulunan bir adada yaşlı insanlara yapılan üzücü bir "yaşlılık testi"ni A. Maurois'in kitabında okumuş olmalıyım. Bu testte ada halkı yaşlandıklarını düşünen bir insanın gerçekten yaşlı hale gelip gelmediğini anlamak için, onu hindistancevizi ağacının tepesine kadar çıkarır, sonra ağacı bütün güçleriyle sallamaya başlarlarmış. Eğer yaşlı insan ağaçtan düşerse onun ciddi derecede yaşlandığına karar verirlermiş. Maurois'e göre bu testler aslında bugün de mevcut. Modern toplumlarda da çok farklı hindistancevizi ağaçları var. Yazara göre "savaşlar generallerin, konserler sanatçıların, genç aşklar ise çapkınların" hindistancevizi ağaçlarıdır."

Hayat hepimizi farklı şekillerde hindistancevizi testine tabi tutuyor. Bazılarımız başarıyla hayata tutunurken, "tutunamayanlar"ımız kendini yerde buluyor. Hayata tutunabilmek ya da tutunamamak, işte hepimiz için hayattaki en önemli mesele bu!

Bir insan şu hayatta neleri biliyor olsaydı, başarılı olma ihtimali başarısız olma ihtimalinden daha fazla olurdu?

Hayatım insanları neyin başarılı, neyin başarısız yaptığına kafa yormakla geçti. Beynimin tüm arama motorları yıllardır şu soruya cevap arar: *Bir insan şu hayatta neleri biliyor olsaydı, başarılı olma ihtimali başarısız olma ihtimalinden daha fazla olurdu?*

Ben başarının öğrenilebilir olduğuna inanıyorum. Belki efsanevi işler başarmak kitaptan öğrenilemez *ama başarısız sayılmayacak kadar büyük işler başarmak* öğrenilebilir. Başarı hakkında öğrendiklerimizle kendimizi başarısızlıktan koruyabilir, başarımızın kalıcılığını sağlayabiliriz. *Başarının bilgisi bize başarıyı kontrol etme imkânı verir.*

Başarılı olmak zorla öğretilemez ama gönüllü olarak öğrenilebilir. "Kişisel geliştirme" değil, "kişisel gelişim" denmesinin nedeni de, bu gönüllülük vurgusudur. Başarılı olmak bir gönüllülük işidir ama çoğu kişi zorda kalınca nasıl başarılı olacağını düşünmeye başlar.

Başarısız kalmanın en önemli nedenlerinden biri başarı hakkında yeterince (b)ilgi sahibi olmamaktır. *Dikkat ederseniz, "bilgi" beş harflidir, beşte dördü "ilgi"dir!* Başarıya ilginiz ölçüsünde, başarı bilginiz artacaktır.

İnanıyorum ki, *başarınızın kalitesini başarı hakkındaki bilgilerinizin kalitesi belirler.* Pek çok insan kulaktan dolma başarı bilgileriyle yola çıkıp başarı enerjisini boşa harcar. *Azimle çabalar ama stratejileri yanlış olduğundan başarılı sonuçlar alamaz.* Sonunda hem kendine ve hem de çabanın gücüne inancını yitirip başarısız bir hayata katlanmanın yollarını aramaya başlar.

Bu dünyada başarılı olmayı denemiş ilk kişi siz değilsiniz, son kişi de siz olmayacaksınız!

Bu kitabı aldığınıza göre siz "kulaktan dolma bilgilerle" başarılı olmak isteyen insanlardan biri olmak istemiyorsunuz. Birinci sınıf başarı bilgisiyle beyninizi beslemek istiyorsunuz. O halde başlayalım.

Konfüçyüs, *"Bir insanın akıllı olması için üç yol vardır,"* der. *"Birincisi yapacağı şey üzerine düşünmektir, ki bu en asil yoldur. İkincisi, önceden yapılmış iyi bir şeyi taklit etmektir. Bu en kolay yoldur. Üçüncüsüne gelince, bu en acı yoldur; deneyerek, uğraşarak bulunan yol."*

Bu dünyada başarılı olmayı denemiş ilk kişi siz değilsiniz, son kişi de siz olmayacaksınız. Sizden önce milyarlarca insan başarılı olmaya çalıştı. Bazıları, başarılı olabildi, bazıları olamadı. Başaranlardan bazıları büyük boy, bazıları orta boy, bazıları ise küçük boy işler başardı.

Başarılı olmaya çalışan bu insanlar, geliştirdikleri ve kullandıkları yolları bazen anlatarak, bazen yazarak diğer insanlarla paylaştılar. Neyin işe yaradığını, neyin yaramadığını bildikleri kadarıyla aktardılar. Bunun sonucunda insanlığın bir *başarı bilgi bankası* oluştu. Her insan, insanlık tarihinin bu başarı bilgi bankasından yararlanmalıdır.

Nasıl başarılı olabileceğini bilenler değil, bildiğini hayatına uygulaya"bilen"ler daha başarılı oluyor!

Bu bilgi bankası geçen yüzyıla kadar, sadece elit bir kesimin elindeydi. "Nasıl başarılı olunur"un yöntemlerini içeren bu bilgi kaynağına, sıradan insanların ulaşma imkânı yoktu. Kitle iletişim araçlarının gelişmesiyle artık bu "sırlar" herkese açıldı, kitaplardan bile öğrenilebilir hale geldi.

'Nasıl başarılı olunur'un bilgisi herkese açılınca, artık bu stratejileri bilenler değil, bildiklerini gündelik hayatına uygulaya"bi-

len"ler daha başarılı olmaya başladı. Yani bir dönem bilmek büyük avantajken, artık bilgiyi analiz edip kendi özel şartlarına uygulayabilmek üstünlük sağlamaktadır. Bilen değil, yapabilen başarılı sayılmaktadır. *Hepimiz biliyoruz ki, yapa"bilmek" kelimesi "bilmek"i içerir ama daha fazlası da gerekir.*

İyi uygulayıcı olmak için ne gerekir? *İyi uygulayıcılar, düşündüklerini hemen yapan ve yaptıklarını daha iyi nasıl yapabileceklerini sık sık düşünen insanlardır.* Ana hatlarıyla söylersek iyi uygulayıcı olmak için; önce neyin nasıl yapılması gerektiğini öğrenmek, sonra öğrendiklerini kendi mantığına yerleştirmek, sonra irade gücüyle bildiklerini gündelik hayatına uygulamak, uygulamada karşılaşılan eksik bilgileri tamamlamak, bilgiyi beceriye dönüştürmek, beceriyi otomatik pilota bağlayacak kadar tekrarlamak gerekir. Tüm bunların temelinde, güçlü bir başarılı olma niyetinin olması şarttır.

İnsanlar "nasıl başarılı olunur"un bilgisine ulaşabildikçe, başarı tabana yayılmaya başladı. Sınıflar arası geçişler hızlandı. İnsanların kendi çabalarını doğru yönlendirerek istedikleri yere gelebilme imkânı arttı. Ben de kendimi bu misyonun bir parçası olarak görüyorum ve kitaplarım aracılığıyla *başarının bilgisini herkes için ulaşılabilir kılmaya* çalışıyorum.

"Başarılı olmak öğrenilebilir" hareketi: Yüz binlerce başarı merkezli insan yetişiyor her yaştan!

Ankara Hukuk öğrencisiyken, *başarı bilgisine ulaşmada fırsat eşitliği* sağlamayı aklıma takmıştım. Başarılı olmuş insanları inceleyecek, nasıl başarılı olduklarına dair bilgilerini öğrenecek, kendi fikirlerimi de katarak, başarılı olmak isteyen zeki, çalışkan ama yoksul aile çocuklarına anlatacaktım. Biraz da Robin Hood ruhundan esinlenen bir düşünceydi bu.

O dönemde Türkiye'nin en yüksek puanla öğrenci alan hukuk fakültesini bitirip, "kendini fikrine feda eden idealist bir genç hukukçu" tavrıyla diplomamı sırf bu idealim için yırtıp atmıştım!

Yıllar sonra bu hayalimin amiral gemisi olsun diye "Her Şey Seninle Başlar" adlı kitabımı yazdım. Başarıyla ilgili bilinmesi gereken *en kritik bilgileri* bir kitapta yazıp, bu kitabı *en çok sayıda insana* ulaştırmaya azmetmiştim. Bu kitap turuncu (pozitif) ruhlu okurların tavsiye desteğiyle 2 yılda 500.000 insana ulaştı. Yarım milyon insanın başarıya bakış açısını etkiledi.

Tahmin edersiniz ki, bu sonuç bana onur veren bir şeydi. Nasıl ki, Duygu Asena "kadın hakları" konusunda, Hayrettin Karaca "toprak erozyonu" konusunda toplumun değer yargılarını ve bakış açısını değiştirdiyse, ben de *Türk insanının başarıya bakış açısını yeniden yapılandırmayı, "başarılı olmak öğrenilebilir" inancını yaygınlaştırmayı* kendime sosyal misyon olarak seçmiş biriyim. Türkiye'nin metrekaresine düşen başarılı insan sayısını artırmak benim varlık nedenim.

Tüm minnettarlık duygularımla söylemek isterim ki, insanlar beni bu yolda yalnız bırakmadılar. Bugüne kadar yazdığım 7 kitabı okuyan ve seminerlerime katılan insanların sayısı 800.000'i geçti. *Bugün Türkiye'de herhangi bir şehirde herhangi bir caddede yürürken karşınızdan gelen her yüz kişiden biri benim "adamım!"*

İlk kitabını 21 yaşında yazmış, başlangıçta başarı öğretisini 50 yaşına kadar 1 milyon insana ulaştırmayı hedeflemiş biri için, henüz kırkını geçmeden bu rakamlara ulaşmak tüm kariyer planlarının alt üst olması anlamına geliyor! Bu sonuçlardan sonra artık sadece Türkiye'yi değil, tüm dünyayı kapsama alanıma alma konusunda sorumlu hissediyorum kendimi. Beni daha büyük düşünmeye, *akıl ihracatı* yapmaya siz okurlar mahkûm ettiniz! Şimdi ben de *başarı provokatörlüğü* yapıp, sizi daha büyük işler başarmaya ikna ederek "intikamımı" almayı planlıyorum!

Kaliteli bir başarı üretmek isteyenler için yeni bir başarı müfredatı hazırladım.

Kendi kanatlarıyla uçmak ve sosyal hayatta başarılı olmak için bilinmesi gerekenler, sosyal başarı müfredatını oluşturur. *Bu müfredat, başarılı olmak isteyenlerin en kıymetli hazinesidir!*

Kitabın bu kısmında, hayata yeni başlayanlar, başarıyı en başından en doğru şekilde öğrenmek isteyenler ve geldikleri yerde başarılı kalmak için çalışanlara kısa bir başarı müfredatı hazırladım.

Bu müfredat, insanlık tarihinin başarı bilgi bankasından, benim zihinsel arşiv kayıtlarımdaki başarı tecrübelerine kadar, farklı kaynaklardan gelen başarı üzerine tespitler potporisidir. *Kaliteli bir başarı* üretmeniz için üretilmiş düşüncelerdir.

Başarı müfredatı üç aşamalı dersten oluşur. Başarılı olmadan önce bilinmesi gerekenler, başarılı olurken bilinmesi gerekenler ve başarılı olduktan sonra bilinmesi gerekenler. Bu bölümdeki fikirleri de bu sınıflamaya göre kullanabilirsiniz.

Daha önceki kitaplarımda ağırlıklı olarak başarılı olmak için yapılması gerekenleri yazdım. Bu kısımda ise, başarılı olmanın yanı sıra *başarılı kalmak için* ihtiyaç duyulan bazı kritik bilgileri de anlatmaya çalışacağım.

Bu arada başarıyı öğrenmek, kişisel gelişim literatürünü bilmekten ibaret değildir. Başarı bilgisi edinmede kişisel gelişim kadar, mesleki gelişim de önemlidir. Başarı taktikleri çok iyi olup, mesleki bilgisi ve becerisi olmayan birçok insanın da başarısız olduğuna tanık oldum. Bu nedenle yer yer *mesleki gelişiminiz* için de önerilerde bulunacağım.

Sosyal başarı amaç, kendini geliştirmek araçtır!

Türkiye'de doğru anlaşılmayan kavramlardan biri de kişisel gelişimdir. *Bizim gibi başarı profesyonellerinin dünyasında "kişisel gelişim" kavramı kadın dergilerinin gördüğünden farklı olarak, rahatlama egzersizleri yapmak değil, kendini hayat amaçlarını gerçekleştirmeye hazırlamaktır.* Kendini geliştirmek, bunalımdan kurtulma yollarını anlatan kitapları okumakla olmaz.

Kendini geliştirmek, sosyal başarıya hazırlanmak, kendini başarı için eğitmektir. Hayat amaçlarını gerçekleştirmek için kendini *uygun* ve *yeterli* hale getirmektir.

Görüyorum ki, çoğu kişi kişisel gelişimin işlevini yanlış anlayıp, onu araç olarak görmek yerine amaçlaştırıyor. Oysa kendini geliştirmek amaç değil, sosyal başarı için araçtır.

Kendini geliştirmek ile sosyal başarı kazanmak şöyle ayrılabilir: Aynanın karşısında her gün hitabet ve beden dili egzersizleri yapmak, liderlik üstüne kitaplar okumak *kendini geliştirmektir* ama gidip bir siyasi partinin genel başkanı olup üstün hitabet ve liderlik becerisiyle o partiyi tek başına iktidara getirmek *sosyal başarıdır.*

Kişisel gelişim ile sosyal başarı dengesini çoğu insan şaşırır. Bazısı hep sosyal başarı peşindedir, içe dönüp kendini geliştirmez. Büyük makamlara gelir ama içi boş ve karmakarışıktır. Bazıları ise kendilerini geliştirme çabalarını o kadar abartırlar ki, hiçbir zaman çıkıp dış dünyada bir şey başarmayı denemezler. Kendilerini geliştirmek adına, kendi içlerine hapsolurlar. Sonra da kendilerinden daha az gelişmiş insanların, çok iyi yerlere geldiğinden yakınıp dururlar!

Kendinizi geliştirme uğraşını çok fazla "abartmadan", bir noktadan sonra dış dünyada büyük işler başarmak için harekete geçmek gerekir. Gidin, başkan, milletvekili, işadamı, köşe yazarı, akademisyen, bürokrat olun. *Bu tür sosyal başarı pozisyonları "az gelişmişlere" bırakılmayacak kadar önemli yerlerdir.* Sizler ömrünüzü hızlı okuma kurslarında, yoga kurslarında geçirirken bu makamlardakiler dünyayı yönetiyor. İç dünyanızda daha fazla oyalanmayın, gidin ve dış dünyada bir şeyler başarın.

Başarıyı içimizde hazırlar, dışımızda gerçekleştiririz. İçimizde tasarladığımızı dış dünyada gerçekleştirmek başarıdır. *O halde önce içine dön, kendini geliştir, sonra git, dış dünyada bir şeyler başar. Sonra tekrar içine dön, tekrar kendini geliştir, sonra tekrar dışa dön, bir şeyler başar.*

Başarının kapısı kovboy barlarının kapısına benzer, iki yönlü açılır ve kapanır! Başarmak, dış dünyadaki gerçekleri iç dünya doğru aktarmak ve iç dünyadaki taslakları dış dünyada doğru gerçekleştirebilmek üzerine kuruludur.

"Baş+arı"nın anlamı: "Baş" olmak için, "arı" gibi çalışmak lazım!

Kitaplarımda başarıyı tek bir tanıma hapsetmemeye özen gösteririm. *Çünkü başarı durumsal bir anlama sahiptir, başarıla-*

cak işe göre tanımı değişir. Başarıyı tek bir tanıma indirgemek onu sınırlandırmaktır.

Size başarının tek bir tanımını yapamam ama başarıyla ilgili keşfettiğim ilginç bir sırrı sizinle paylaşabilirim. Başarının yazılışındaki bir şifre bu!

BAŞ + ARI
AZİM
ZAFER

Başarı; "baş" ve "arı" kelimelerinin birleşiminden oluşmuştur!

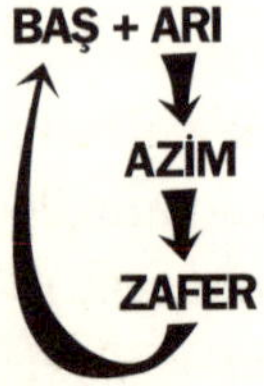

Bunun anlamı nedir? "Arı" bildiğiniz gibi, "azim" konusunda marka bir hayvandır. "Azim" de sonunda "zafer"e gider. "Zafer" kazanmak da insanı "baş" yapar.

Konferanslarımda BAŞ+ARI yazar, katılımcılara yorumlarını sorarım. Yapılan yorumlar, kişinin o şirketteki pozisyonunu ele verir.

Baş+arı kelimesini yorumlayan kişi personel ise, "*Baş olmak için arı gibi çalışmak lazım!*" der. Patron ise, "*Baş olmak, bir kovan arıyı çalıştırmak demektir!*" der :)

Başarı kavramını ödül-bedel ilişkisi açısında ele alırsak da, başarı arıya benzer. Arının ağzında bal, kuyruğunda ise iğne vardır; balın tadını almak isteyen, iğnenin acısına katlanmak zorundadır! Beceriksizler, çoğu kez iğneyi yiyip balı tadamayanlardır. Korkaklar ise bu riskli ilişkiye hiç girmek istemezler. Ne iğne yemek ister ne de bal. Başaranlar ise, en az iğne yiyerek en fazla bala ulaşmanın yolunu arayanlardır.

İnsanlar gibi arılar da kendi içinde ikiye ayrılır. Hem kendisine hem de başkalarına yararlı bir şey (bal) üretenler bal arılarıdır, üretmeyenler ise eşek arısı![12]

Bal arıları başarmak için yaşayan, sistematik ve hedef merkezli çalışan, yararlı arılardır. Eşek arıları ise gelişigüzel yaşayan, başkalarının yararlanabileceği bir şey üretmediği gibi diğer canlıları sokarak rahatsız eden, sadece kendi hayatını devam ettirecek kadar çalışan "kariyersiz" arılardır. *Baş+arı'cı olmak, kendinize ve başkalarına yararlı bir şey üretmektir!*

Başarı "feda-kâr"lık ister: "Kâr"ın için neyi "feda" edebilirsin?

Başarılı olmayı herkes ister ama bedelini ödeyenler ona sahip olur. *Bedeli ödemek bazen başarıyı seçtiği için başka şeylerden vazgeçmektir. Bazen de başarı için, hiç sevmediği şeyleri -başarılı öğrenci olmak için hiç sevmediği matematik dersine çalışmak gibi- yapmaktır.*

Başarı tanrısı kurban ister. Sevdiğiniz diğer şeyleri ona feda edecek kadar onu sevdiğinizi görmek ister. *Ona ulaşmak için sevmediğiniz şeyleri yaptığınızı görmesi yetmez, bir seçim anına geldiğinizde onun için sevdiğiniz bazı şeylerden vazgeçtiğinizi de görmek ister.*

"Başarı fedakârlık ister" cümlesini duyarız ama çoğumuz derinlemesine anlamayız. Dikkatli okuyun lütfen: *Feda-kâr*!

Şifreyi çözdünüz: *"Kâr"ın için, neyi "feda" edebilirsin?*

Hayatta "kâr"ınız başarınız ise, onun için neleri "feda" edebilirsiniz? Zamanınızı? Enerjinizi? Rahatınızı? Sağlığınızın bir kısmını? Sevdiklerinize ayırmanız gereken zamanın bir kısmını?

Başarıyı seçtiğiniz için nelerden vazgeçebilirsiniz? Vazgeçtiklerinizi (feda ettiklerinizi) terazinin bir tarafına, başarıyı ise diğer tarafına koyun. Başarıyı seçtiğiniz için vazgeçtikleriniz ne kadar fazla olursa, ağırlığı o kadar çok olacak, ağırlığı ne kadar çok olursa başarınızın olduğu taraf o kadar yükselecektir. Vazgeçtikleriniz size o başarının fiyatını gösterir.

Başarıyı seçtiği için vazgeçilen şeylerin başında, sevdiklerine ayrılan zaman gelir. Amerikan iş dünyasında "*Başarı mesai saatlerine sığmaz*" diye bir deyiş vardır. Evet, kahramanların mesai saatleri yoktur. Hem işte başarılı olmak hem de kendine ve ailesine bolca zaman ayırmak, dünyada "adaleti tecelli ettirme" çabasına benzer. Uğrunda çaba gösterilmeye değer ama hiçbir zaman da tam olarak ulaşılamayacağı bilinir.

Başarının bedelleri iki taksit halinde ödenir:
İlki başarılı olmadan önce, ikincisi başarılı olduktan sonra.

Başarının bedelleri iki dönemde ödenir: Başarılı olmadan önce ve başarılı olduktan sonra! Önce başarılı olmak için, sonra da başarılı kalmak için ödenen bedeller vardır. Başarılı bir hayat yan gelip yatma yeri değildir!

Başarı neden bedel ister? Başarıyı hak edeni etmeyenden, gerçekten isteyeni istemeyenden ayırmak için. Bedel bir eleme aracıdır. Hayatın üniversite sınavıdır. Eğer başarı bedelsiz olsaydı, herkes ona ulaşırdı, o zaman da başarının "başarı" değeri olmazdı.

Başarılı olmadan önce ödenen bedeller, *başarılı olmayı* hak edenleri etmeyenlerden ayırır. Başarılı olduktan sonra ödenen bedeller ise, *başarılı kalmayı* hak edenleri hak etmeyenlerden ayırır. İlki ön ödeme, ikincisi ara ödemedir.

Başarılı olmak üniversite sınavını kazanmaya benzer; çoğu insan "Bir kere kapağı at ondan sonrası kolay" diye bakar.

Başarılı kalmak ise üniversite öğrencisi olmaya benzer, orada da sınıfı geçmek için periyodik olarak sınava girersiniz! Sınavları veremeyip sınıfta kalırsanız, hâlâ üniversitelisinizdir, hâlâ üniversiteli olmayanlardan bir birim yukarıdasınızdır ama "başarısız" bir üniversitelisinizdir.

Dünün üniversite adayları gelir, sizi yakalar ve geçer. *Henüz yaşlanmadığınız halde arkanızdaki birinin gelip sizi geçmesi kadar insana başarısızlığını hissettiren çok az şey vardır.* Siz dursanız da, insanlar, insanlık, ilerleme durmayacaktır. Karar sizin!

Başarı miras kalmaz, herkes kendi bacakları üzerinde unvan maçına çıkar.

Başarının en sevdiğim yanı şudur: *Başarı babadan miras kalmaz!*

Servet miras kalır, şöhret miras kalır ama başarı miras kalamaz. Başarı, şöhret ve servete göre daha adildir. Başarının kapısı, onu hak eden herkese daha açıktır. Şanslılar başarı kapısından diğerlerine oranla daha zor girer. Şansla birinci turu geçenler de ikinci turda elenir.

Çoğunluk buna inanmak istemez ama başarı herkese eşit mesafede durur. Dünyanın herhangi bir yerindeki bir insan, o şartlarda, o yerde, o zamanda başarılı bir iş yapıp "başarılı" bir insan olabilir. Tembellerin sandığının aksine, başarı için başka bir zamana, yere, imkâna ihtiyaç yoktur, her koşul kendi başarı öyküsünü çıkarabilir, nefes alınan her yerden başarı çıkabilir.

Başarı, sıkı çalışmanın müttefikidir. Kişinin yaşına, ırkına, dinine, cinsiyetine bakmaksızın, şartnamesine uyan herkese ihaleyi adilce dağıtır. Başarı, şöhret ve servete göre daha asil ve karakterlidir.

Herkes kendi bacakları üzerinde unvan maçına çıkar. İşyeri çaycısının oğlu, işyeri sahibinin oğlunu bu yüzden üniversite sınavında yenebilir. *Patron çocuğu babasının parası kadar zengindir ama kendisi kadar başarılıdır.*

Sıkı çalışmanın ve azmin gücünü önemsemeyen ama üst sınıflarda yaşayanlar vardır. Bu azimsiz ama zengin torunlar, azimli dedelerinin mirasıyla yaşarlar. Dedelerinin azminin sonucu olan serveti onlara miras kalmış ama azmi kalmamıştır.

Başarının miras kalmaması gibi, başarısızlık da miras kalmaz ama başarısızlık virüsü başarıya göre daha bulaşıcıdır. *Başarı sağlığa, başarısızlık hastalığa benzer; hastalık kendiliğinden bulaşır ama sağlık bulaşmaz!* Başarısız insanların çocuğu olarak doğduğu halde yine de çok başarılı olanlar, başarısızlık virüsüne karşı bağışıklık sistemi güçlü olanlardır. Başarı virüsü kendiliğinden bulaşmayabilir ama bir kişi eğer isterse başarılı insanlara yakın durarak onların düşünme biçimlerini öğrenip kendi hayatında kullanabilir. Atasözüdür; *kır atın yanında duran ya huyundan ya suyundan!*

İnsanlar başarılarına göre üçe ayrılır: Gerçekten başarılılar, başarılıyım diye geçinenler ve başarılı insanlar üzerinden geçinenler!

Başarı insanları üç gruba ayırır: Gerçekten başarılılar, başarılıyım diye geçinenler ve başarılı insanlar üzerinden geçinenler!

Gerçekten başarılılar, büyüklüğü ya da küçüklüğü önemli olmaksızın kendine bir hedef belirleyen, o hedefi gerçekleştirecek şekilde kendini geliştiren, sürekli işini iyi yapmaya çalışan, başardığı her işten sonra bir beden büyük iş başarmayı deneyen, söylenme değil sonuç üreten, mesleki bilgi ve becerisini her geçen gün iyileştiren insanlardır. *Gerçek başarılılar, "baş" olmak için "arı" gibi çalışanlardır!*

Başarılıyım diye geçinenler ise *başarılı insan taklidi* yapanlardır. Kendini olduğundan daha önemli gösteren, skor tabelasında ciddiye alınabilir bir sonuç olmadığı halde başarılıymış gibi pozlar takınıp ömrünü "önemli biriymiş gibi yaparak" geçiren insanlardır. Bu insanlardan bazıları biraz da şansın yardımıyla küçük bir iş başarırsa, sonra kırk yıl o başarıya sığınır, hep onu anlatır durur.

Başarılı insanlar üzerinden geçinenler ise, türlü türlüdür. Bu gruptakilerin bir kısmı, başkasının başarısından hava payı almaya çalışanlardır. Kendilerine ait bir başarıları olmadığı halde, sürekli birilerinin başarısının arkasındaki isim gibi görünen, sürekli "Ben olmasaydım o yapamazdı" diye konuşan insanlar bu gruba girer. Anadolu'da bu tür insanlar için "Köpek kağnı gölgesinde yürür, kendi gölgesi sanırmış!" denir.

Başarılı insanlar üzerinden geçinenlerin diğer kısmı ise başkalarının başarısının ekonomik boyutundan yararlananlardır. Başarılı erkek avcısı bazı kadınlar ile başarılı insanların bazı tembel ama talepkâr akrabaları da bu gruba örnek verilebilir.

Başarmak, iç ve dış engel(leyici)lere rağmen son-uç'a gitmektir!

Başarının anlamı kişiye, duruma ve hedefe göre değişir ama başarının yapısı temelde çok basittir; başarmak yasal ve ahlâki sınırları aşmadan amaca uygun sonuç almaktır.

Başarmak sonuç almaktır. Başarı, skor tabelasında yazandır. Ziya Paşa'nın deyişiyle; "*Ayinesi (aynası) iştir kişinin lafa bakılmaz, kişinin görünür rütbe-i aklı eserinde!*"

Başarmak sonuç almak ise, başaramamak söylenmektir!

Başarı sonuç alır, sevinir ve susar. Başarısızlık sonuç alamaz ve suçlar, söylenir, sızlanır, sinirlenir, sıkıntı yaratır. Çünkü kaybetmek insanın ruhunda gaz yapar. Başarısızlık konuştukça konuşur.

Cenap Şahabettin, "*Yerinde sayanlar, yürüyenlerden daha çok ses çıkarır,*" demiştir. Elinden az iş gelenin, dilinden çok söz gelir. Başaranlar sonuçlarını konuşturur, başaramayanlar mazeretlerini.

İnsanlar yenildiği için mi iyi mazeretler bulur yoksa iyi mazeretler buldukları için mi yenilirler? Benjamin Franklin cevaplıyor: "*Çok iyi mazeret bulmayı başaranların, başka bir şey başarabildikleri nadiren görülür!*"

Başarı ile başarısızlık arasındaki tek fark bu değildir. Başarı insana güven getirir, başarısızlık korku. Başarı insanın içini açar, başarısızlık insanı içine kapatır. Başarı sevinç üretir, başarısızlık sıkıntı. Başarı ileri fırlatır, başarısızlık geri bırakır. Başarı barıştırır, başarısızlık dövüştürür. Başarı huzur ister, başarısızlık dertleşmek. *Başarılı sonucun baba adayı çoktur, başarısızlık ise ortada kalır!*

Başarı mutluluğu garanti etmez ama başarısızlık, mutsuzluğa yardım ve yataklık eder. Başarı mutluluğu kendiliğinden getirmez ama başarısızlık mutsuzluğu kendiliğinden davet eder.

Başarmak sonuç almaktır. Başarılı son-uç'a gitmek için aşılan engellerin sayısı, o başarının büyüklüğünü belirler. Başarıyı, boyutlarına göre *küçük boy* başarı, *orta boy* başarı ve *büyük boy* başarı diye sınıflandırabiliriz. Başarının boyutları ne kadar büyük olursa, şaşırtıcılığı o kadar çok olacaktır.

En son yapabildiğiniz iş ya da aldığınız sonuç sizi ve çevrenizdekileri şaşırtmadıysa, kariyer patinajı yapıyorsunuz demektir!

Başarmak kendini şaşırtmaktır. Hem kendini, hem de başkalarını hayretler içinde bırakan bir sonuç almaktır. Başarınız ne kadar şaşırtıyorsa, o kadar karizmatiktir!

Alınan sonucun şaşırtıcılığı o başarının enerjisini belirler. *En son skor tabelanızda yazan sonuç, sizi ve çevrenizdekileri şaşırtmıyorsa, o sonuç başkaları için başarı olsa da sizin için artık değildir.* Başarmak beklenenden büyük sonuçlar almaktır. İnsan aldığı sonuçlar kadar büyüdüğü için, aldığı her sonuçtan sonra hedefini bir beden büyütmelidir.

Varsayalım bir sigorta şirketinde satıcısınız. İlk defa şirketinizde "yılın en çok satış yapan çalışanı" olduğunuzda, siz ve çevrenizdekiler bu sonuca şaşırır ve sevinir. Başarınızın karşısında duyulan sevincin oranı %90 gibidir. Bunu ikinci yıl da yaparsanız, tekrar tekrar başarabilmenizle, o sonucun şans değil hak edilmiş olduğunu, başarınızın tek atımlık değil istikrarlı olduğunu gösterdiğiniz için insanlar yine sevinirler. Buna karşın sevinme oranı %60'a düşer. Üçüncü defa birinci olduğunuzda sevinç yüzde 30'lara düşer!

Onuncu defa birinci olduğunuzda bu defa siz bile şaşırmamaya ve sevinmemeye başlarsınız! Başarı sevinci için başaran insan gitmiş, sırf parası için başaran insan kalmıştır. Başarma sevincinizin oranı %10'lara düşmüştür. O sonucu başarmanız zaten beklendiği için, kimse heyecanlanmamaktadır.

Bu tür durumlarda -yıllarca aynı koltukta kalmayı "başarmış" siyasi parti ya da sendika liderlerinin başına geldiği gibi- başarınız sizi "sıkıcı" bile yapabilir! Başarınız artık sizi de başkalarını da şaşırtmamaya başladığında aynı yerde patinaj yaptığınız, hatta "gençlerin önünü tıkadığınız" söylenmeye başlanır.

Bu durumda ne yapmalısınız? Sizi bir üst ligde daha büyük ölçekli işler başarmak kurtarır! Belki de bir sigorta şirketi kurmanızın ya da acentalar liginde yarışmanızın zamanı gelmiştir. Yapabilmiş olsaydınız, sizi dahi şaşırtacak ne varsa onu deneyin. Tıpkı ilk başarınızdaki gibi!

Başka ne yapabilirsiniz? *Bir sene birinci, bir sene ikinci olursanız, insanlar bu sene kim birinci olacak diye merak ederler!* Eskiden "yenilmez" boksörler, bazen kaybederek seyircide "acaba bu defa sonuç ne olacak?" duygusu yaratıp tribünleri doldururlardı. Bu bir taktiktir, ama benim okuruma yakışmaz. Bizim "ülkümüz yükselmek, ileri gitmektir!"

Bu arada söylemeden geçemeyeceğim. Dün yapamadığı bazı şeyleri bugün yaparak şaşırtanlara başarılı, kimsenin yapamadığını yaparak herkesi şok edenlere "efsane" denir.

Başarısızlığı "başarıyla" karşılamak: Başarısızlığı başarı için nasıl kullanabilirsiniz?

Başarısızlığı, zirveye ulaşmaya çalışan bir insanın üzerine doğru yuvarlanarak gelen kayaya benzetebiliriz. Bazıları o kayanın altında ezilir, bazıları zirveden vazgeçip vadiye geri kaçar, bazıları kenara çekilip geçmesini bekler, bazıları ise gelen kayanın üstüne zıplayıp tepesine basarak kendini daha ileriye fırlatır. *Başarı-do eğitiminde siyah kuşak seviyesine ulaşmış insanlardır bunlar.*

Bir insan başına gelen bir başarısızlığı, başarıya ulaşmak için nasıl kullanabilir? Aşağıda mücadeleci "çekirgeler" için hazırlanmış, başarısızlığın üzerine basıp başarıya yürümek, *başarısızlığı başarı için başarıyla kullanmak* amacıyla hazırlanmış 10 yaklaşım bulacaksınız. Bir şeyi denediniz olmadıysa, o olumsuz sonucu aşağıdaki şekillerden birine göre yorumlayabilirsiniz.

1. 'Bir gün mutlaka' tutumu: "*Başarısız değilim, sadece "şimdilik" başarılı olmuş değilim!* Bir gün mutlaka, bir şekilde istediğimi yapacağım. Başarım gelecekte beni bekliyor. Her şeye rağmen durmak yok, içimden gelen güçle yola devam..."
2. Ders alma tutumu: "*İnsan ders aldığı bir başarısızlığı aşmış, ondan daha büyük hale gelmiştir.* Bu yaşadıklarımdan ne yapmam ve ne yapmamam gerektiğini çok iyi öğrendim. Öğrenirken geçen zamanı okul yıllarıma sayıyorum. Başarısızlık üniversitesinden dersimi aldım, şimdi amaç başarı üniversitesine dikey geçiş yapmak!"
3. Bu sonuç başarısız sayılmaya yetmez: "Tek iş başardığı için kasıla kasıla yaşayanların kendilerini başarılı görmesi nasıl ki bir illüzyon ise, tek başarısızlıkta kendini aşağılayan bir insanın yaptığı da o derece yanlıştır. *Tek çiçekle bahar olmaz, tek kar tanesiyle de kış gelmez.* Başarısız sayılmam için bu sonuç yetmez!"
4. "Şablona uyuyorum," durumu: "*Hedefine giderken defalarca başarısız olmak, tüm büyük adamların başına gelmiş, benim de başıma geliyor, demek ki ben de büyük adamlarla aynı yoldayım!* Onların yaşadıklarının benzerini yaşıyorum. Tanrım, kendimi çok özel hissediyorum! Ben bir seçilmişim! Başarım acayip görkemli olacak! Bu aklımdan geçen onların aklından da geçmiş miydi acaba:)"

5. Kolay ulaşılan değersiz olur: "İlk denememde olsaydı, belki daha fazla sevinirdim ama sevincim kısa sürerdi. *Birden çok denemeyle ulaştığım şey, benim için daha kıymetli olur.* Kolay ele gelen, elden kolay gider. Ulaşılan başarının değeri, uğruna aşılan zorluklar kadardır."
6. Yeni bir yol yasası: "*Başarısız olan ben değildim, kullandığım yoldu.* Demek ki aynı amaca farklı bir yoldan gitmeliyim. Başarısızlığa çıkan bütün yolları bitirdiğimde, doğal olarak başarıya giden yolu bulacağım! Biraz daha zaman, biraz daha çaba, biraz daha cesaret yeter."
7. Yüklenme yasası: "*Tüm gücümle yüklenmedim, ondan olmadı. Şimdi "topladım kalbimin dağılan her köşesini" ve hedefe kilitlendim.* Beş tavşanı aynı anda kovalarsam, azmetsem de hiçbirini yakalayamadığımı öğrendim. Hedefimi seçtim, alternatiflerden vazgeçtim, tüm gücümle yükleniyorum! El feneri gibi değilim, mercek gibi yakıcıyım artık!"
8. Kendini büyütme yasası: "Önümdeki engel benden büyüktü aşamadım ama ben de kendimi büyütebilir, kendimi daha çok geliştirebilir, o engeli aşabilirim. *Engeller kendi kendilerini büyütemezler. Daha büyük olup tekrar saldıracağım!"*
9. Yeni akıl yasası: "*Başarısızlık bir puzzle'da parçaları yanlış yere yerleştirmektir.* İlk denemedeki sonuç olumsuzsa, yapılması gereken en başa dönüp *yeni bir mantıkla* parçaları yeniden düzenlemektir. Mevcut aklım beni buraya getirdi, aklımı yeniden yapılandırarak, yeni yollar görebilirim. Kapalı olan yolum değil, aklım! He-

men MS'nin diğer kitaplarını okumam lazım. Akıl açacağım benim!"

10. Geleceğe dön yüzünü: "*Artık önümüzdeki maçlara bakacağız!* Geleceğim hâlâ yerinde duruyor ve hayatımın kalan kısmını orada geçireceğim. Bu iş olmadı ama hissediyorum gelecekte bir gün bir şekilde dikkate değer bir iş başaracağım! *Daha oynanmadı son el!*"

Karşılaştığınız başarısızlıkları yorumlama şekliniz çok önemlidir çünkü başarısızlığın üzerinizdeki etkisinin derinliğini ve kalıcılığını bu yorumlarınız belirler. Başarısızlığın üzerinizdeki yükünü hafifletecek yorum şekilleri bunlarla sınırlı değil, kendiniz yeni yollar da bulabilirsiniz.

Başarısızlık kötü bir durumdur ama başa çıkılamaz değildir. *Başarısızlıkla başa çıkmak için kullanılacak en kötü yol söylenmektir!* İnsan yaşayacağı geçici başarısızlıklardan, başarısızlığın gücünün neye yetmeyeceğini öğrenmelidir. Başarısızlığın gücü insanları geciktirebilir ama durduramaz. Yorar ama yıkamaz. Yeni yollara yönlendirir ama yolunuzu kapatamaz. Son-uç'a gitmek ya da gitmemek, başarısızlığa değil, size bağlıdır.

Başarı gemisini yüzdüren pervaneler: Başınıza gelen her şeyi içinizde bir başarı katalizörü yapabilirsiniz!

Şimdi size hayatın karşınıza çıkardığı kötü şeyleri karşılamak için kullanabileceğiniz "nükleer başlıklı" başarı taktiklerimden biri olan, *pervaneye sarmak metodu*mu anlatmak istiyorum!

ı hayatından biraz büyük hayalleri olmayı gerektirir. Ha- an büyük bir hayali olan herkes, hayal kırıklıkları, engeller, aşağılanmalar ve alay edilmelerle karşılaşır.

Bazıları, başına gelen kötü şeyden sonra içine kapanır, gider yorganını başına çeker, uyur. Bazıları kendini yemeğe vurur. Saç modeli beğenilmezse, gider daha fazla yemek yer! Bazıları söylenmeye vurur kendini. Sürekli başkalarının yaptığı haksızlıkları ve kötülükleri anlatıp kafa ütüler. Bazıları depresifleşir. Bazıları agresifleşir. Bazıları ise herkese acır ve İsa modunda yaşarlar: *"Affet onları baba, onlar ne yaptıklarını bilmiyorlar!"*

Bazıları ise mücadele etmeyi ve zorlukları başarı enerjisine dönüştürmeyi sever. Nietzsche'nin, *"Beni öldürmeyen darbe beni güçlendirir,"* sözü onların zor zaman sloganı, hayat mottosudur. *Başlarına gelen, iyi ve kötü her şey onların başarısının itici gücü, katalizörü olur.*

Onlar karşılarından gelen sert dalgaları önce duvarlarında yumuşatıp sonra da içlerindeki pervanelerde çevirerek ilerleyen gemiler gibidir. Kendilerini geriye itmek için üzerlerine gelen suyu kullanarak kendilerini ileriye iterler. Engelleyicilerini, destek yapıp üzerinden yürürler.

Bu bir yaşam duruşu, hayat felsefesidir. Ben de bu bakış açısını yıllarca kullandım. *Başıma gelen iyi ya da kötü her şeyi, içimdeki pervaneye sarıp, kendimi ileri iten bir güce dönüştürdüm.*

İnsanı *sırtı yere getirilemez* yaptığına inandığım bir tavırdır bu. *Hangi yönden ve hangi şiddette eserse essin tüm rüzgarları kendini ileriye itecek şekilde kavrayabilen bir gemiyi ne durdurabilir ki?* Esen en güçlü rüzgarın yönünde gitmekten değil, hangi yönden eserse essin *tüm rüzgar açılarını kavrayıp kendi yönünde ilerlemek için enerjiye dönüştürmekten* bahsediyorum.

Bu tarz düşünen insanların mantık yürütme şekli şöyledir:

Bu kişi beni aşağıladı, aşağılamak beni öfkelendirdi, o halde daha çok başarılı olmalıyım, bir daha yapmayı aklından geçirmemesi için. Bu kişi beni övdü, övülmek hoşuma gitti, o halde daha çok başarılı olmalıyım, övgünün sürmesi için. Param yok, o halde uzun süre bu durumda kalmamak için daha başarılı olmalıyım. Param çok, o halde bu durumun sürmesi, gördüğümden eksik yaşamamam için daha başarılı olmalıyım. Başarısızım, o halde bu durumdan kurtulmak için daha başarılı olmalıyım. Başarılıyım, başarılarımı sürdürmek için daha çok başarılı olmalıyım. Sevgilim terk etti, o acıyı unutmak ve onun için unutulmaz biri olmak için daha başarılı olmalıyım. Çok güzel bir sevgili buldum, başarı aşka renk katar, o halde daha çok başarılı olmalıyım.

Bu örneklerdeki gibi, başınıza gelen her şeyi sizi başarıya itecek şekilde kafanıza yerleştirirseniz, yolun yarısında sizi akıl hastanesine kapatmazlarsa, yolun sonunda başarıyı göreceksiniz!

Şaka bir yana, pervaneye sarmanın gücünü iyi görmenizi isterim. *Bir düşünün, başınıza gelen iyi kötü her şeye verdiğiniz tek karşılık gidip başarılı olmak için bir şeyler yapmak olunca, sizi ne durdurabilir ki?* Başınıza gelen her şeyi, içinizden sizi ileri itecek bir iç motora dönüştürdüğünüzde sizi kim durdurabilir ki? Kendi hareketinden ürettiği enerjiyle çalışan bir başarı makinesi olursunuz! Tek yapmanız gereken, net bir istikamet belirleyip kendinizi o doğru yönde sürekli ileri itmek.

Unutmayın; *Esen rüzgarların yönü değil, yelkeninizi tutuş şekliniz, başınıza gelen olaylar değil onları kafanızın içinde karşıla-*

ma şekliniz sizi başarılı ya da başarısız yapar. Başınıza gelen olaylar *hayatın size attığı servislerdir*, topu nereye atacağını hayat seçer ama onu *karşılama şeklinizi* siz seçersiniz. Söylenmek ya da servisi "başarıyla" karşılamak, seçim sizin!

Başarısızlık bölgesinden başarıya geçmek bir insanın hayatına nasıl yansır?

Büyük bir başarının yaptığı değişiklikler anlatmakla bitmez ama ben yine de birkaç temel noktayı hatırlatayım. Anlatacaklarım herkes için geçerli olmayabilir ama "genellikle" görülen durumları ifade etmektedir.

Başarılı olmak insana iyi gelir. Başarı kişiye iç barış getirir. Ruh durumu neşelenir, özgüveni hızla yükselir. Omuzları daha dik yürümeye başlar. Bir zamanlar hayal ettiğini hayatında görmek, kişinin kendisine duyduğu saygıyı artırır.

Başarıdan sonra sadece insanın kendine davranış şekli değişmez, başka insanların da o kişiye karşı davranışları değişir. Eskiden kendisiyle alay edenler, başarıdan sonra ona "saygılarını" sunarlar.

Başarılı oldukça, çevredekiler kişinin kusurlarını ve kabahatlerini de "görememeye" başlar! Atasözüdür; *"Aslan yelesinde bit aranmaz!"* Kazananların hep haklı çıkması doğa kanunudur!

Başarı insanın yaşam standartını yükseltir. Başardıkça kişi daha iyi yerlerde yaşamaya başlar. Sağlıktan eğitime, ilişkilerden seyahate daha "kaliteli" hizmet alınır.

İnsanlar başarılı kişileri daha çekici bulmaya başlar. *Kişi eğer erkekse ve yakışıklı doğanlardan değilse, hayatında ilk defa ka-*

dınlar onun peşinden koşmaya başlar! Algıları böyle bir duruma hazır olmadığından, hayatının ilişki hatalarını da bu dönemde yapar.

Başarı insanı güçlü yapar. İnsanlar onun hakkını yemeyi planlarken birkaç kez düşünmeye başlar. Kişi başarılı oldukça katlanan değil, katlayan olur! İkna eden değil ikna edilen, kendisi ile ilgili konularda son kararı veren olmaya başlar.

Başarı insanı onore eder. Kişinin ailesi, eski okul arkadaşları, askerlik arkadaşları, çocukken mahallede onu dövmüş olan serseriler bile o kişiyle gurur duyduklarını söylemeye başlar.

Başarı insanı özgürleştirir. Sırf para için sevmediği işlerde, sevmediği insanlarla, sevmediği yerlerde çalışmak zorunluluğu azalır. Başarılılar başarısızlardan daha fazla seçeneğe ve seçme özgürlüğüne sahiptirler.

Büyük bir başarı hangi aşamalardan sonra ortaya çıkar? Başarının getirdiği bilinirliği nasıl yönetmeli?

Her şey büyük bir iş başarmayı kafaya koymakla başlar. Sonra harekete geçer, kollarınızı sıvar, aklınızı yaptığınız işe kilitler, hayal ettiğinizi hayata geçirirsiniz.

Ortaya çıkan sonuç, küçük, orta ya da büyük ölçekli bir başarı olabilir. Küçük ve orta boy başarıları yakın çevre duyar ama büyük ölçekli bir başarı göle düşmüş dev bir meteor gibidir, etkisi dalga dalga yayılır.

Başarınızla alanınızda ülke çapında ilk üçe girebileceğiniz bir büyüklüğe ulaştığınızda, çok sayıda insan yaptığınız işin etrafında toplanmış demektir. Kitlelerin ilgisini çeken bir şey yapabilmiş olmanız, medyanın da ilgisini çeker. Toplum yaptığınız şeyden yararlanmaya, medya da işinizi incelemeye başlar. Zamanla işiniz büyümeye devam ederse, bu defa *o işi yapan kişinin kim olduğu* merak edilmeye başlanır. İlgi işinizden *kişiliğinize* yönelmiştir.

İşte bu noktada kritik gelişmeler yaşanır. Hakkınızda haberler çıktıkça, kim olduğunuz konuşuldukça gerçek sizin yanında bir de "insanların kafasındaki siz" oluşmaya başlar. *Başka insanların zihninde olup sizi temsil eden, sizinle ilgili fikir yürütürken kullandıkları bu ikinci siz "imaj"ınızdır.* Algılanma biçiminiz (imajınız) kim olduğunuzu insanlara biraz sapmayla anlatır. İmaj biraz körlerin fil tarifi gibidir, herkes algıladığı parçaya göre sizi tanımlar. Çoğu bütünü göremez çünkü hiçbir insan kitle iletişim araçlarından eksiksiz aktarılamaz.

Artık size ikinci bir iş çıkmıştır, bu "imajınızı yönetmek." *Enerjinizin ne kadarını işinizi iyi yapmaya, ne kadarını insanların kafasındaki algılanma biçiminizi yönetmeye ayırmanız gerektiğini şaşırabilirsiniz.* Çoğu insan imajını yönetmeye aşırı odaklandığından, yaptığı asıl işi ihmal etmeye başlar. *Yaptığı işle haber olmayı bırakıp, haber olmak için bir takım işler yapmaya başlar.* Kendisini işinden daha fazla önemsemeye başlar. Bu da büyük bir tehlikenin habercisi olabilir. Çünkü insanlar onu "o ünlü biri olsun da kendilerine hava atsın" diye sevmemiştir!

Peki "konsantre" bir MS okuru nasıl düşünmeli?

Her şey, bir şeyi çok iyi yapmanızla başladı. İşinizi iyi yapınca insanlar ürettiğinizi beğendi. İnsanlar bu kadar beğendikleri bir şeyi yapanın kim olduğunu merak etmeye başladı. Yani kara kaşınız kara gözünüz için değil, *iyi yapılmış bir işin arkasındaki kişi* olduğunuz için merak ediliyorsunuz. Siz insanların ilgisini çekince, etrafınızdaki insanlar çoğalınca bu da medyanın ilgisini çekti. Medya insanların sizin hakkınızda merak ettiklerini öğrenmek için orada. Özel hayatınızı gizlemek size bağlı olabilir ama kariyerinizi artık gizleyemezsiniz. Atasözüdür; *deve üstüne binen çalı altına gizlenemez!*

Medya projektörlerini üzerinize tuttuğunda, şunları asla unutmayın:

1. *Asla üzerinize tutulan bu projektörlerin ışığına bakmayın, gözünüz kamaşır!* Bu ışık sizin daha iyi görmeniz için değil, insanların sizi daha iyi görmesi için! Işığa değil, işinize bakın. Çalışırken şöhretinizi unutun. Bu şöhretiniz için de iyi olacak. *İşini yaparken kendinden geçen bir insanın görüntüsü kadar kameraların sevdiği bir şey yoktur.* Kameraya poz olsun diye bir şey yaparsanız, emin olun çok kısa sürede insanlar bu sahteliği algılayacaklardır. Samimiyet en güçlü iletişim stratejisidir.
2. *Nerede ışık varsa, orada gölge de vardır.* Karakteriniz vücudunuza benzetilirse, şöhretiniz de gölgeniz olacaktır. Gölgenizi kovalamakla uğraşmayın, güneşe dönün yüzünüzü vc doğru bir şekilde yürümenize bakın.

Şöhret yönetimi gölge oyunu gibidir. Bu oyunda iki atasözünü hiç unutmamak gerekir.

a: *Eğri ağacın doğru gölgesi olmaz!* (Türk atasözü) Yanlış kişilikli biriyseniz, doğru bir şöhretiniz de olmayacaktır. İmajınızdan önce *gerçeğinizi* düzeltin. İmajınızdan önce *karakteriniz* üzerinde çalışın.

b: *Bir insanın gölgesinin boyu kendisini geçtiyse, o insan için güneş batıyor demektir!* (Çin atasözü) Şöhretiniz sizden daha büyük olunca, olduğunuzdan daha iyi ve büyük bilinmeye başlarsanız sevinmek yerine korksanız iyi olur! Ya hemen insanların kafasındaki algı kalıbınızı dolduracak şekilde kendinizi büyütün ya da dürüst olup algılandığınız şekli küçültün. Bunu yaparken sizi mütevazı sanırlarsa şaşırmayın!

Buraya kadar yazdıklarımdan tanınırlıktan kaçmanız gerektiği anlamı çıkmamalıdır. *Zaten başka insanlar bilmeyecekse, büyük bir iş başarmanın ("aslan vurmanın") ne gereği vardır ki?* Eminim 100 milyar insan dünyaya tek tek gelseydi, insanlık hâlâ yontma taş devrinde duruyor olurdu! Pek çok buluşun, başarının, kahramanlığın temelinde *başka insanlara üstün olmak*, daha basit ifadeyle "hava atmak" vardır!

Başarının getirdiği bilinirlikten korkmayın. Adınız ne kadar duyulursa, isminiz ne kadar yere sizden önce giderse, hayatınız o kadar kolaylaşır. Şöhret, güçlü bir başarı katalizörüdür. Şöhret kariyer cilasıdır, başarıyı görkemli gösterir. Kötü bir şöhret ne kadar kapıları yüzünüze kapatıyorsa, iyi bir şöhret de o kadar yolunuzu açar.

Belki de temel sorun, şöhretin kapsamı ile kalitesinin ters yürümesidir. Şöhretin kapsamı, kaç kişinin sizi tanıdığıdır. Şöhretin kalitesi ise insanların sizi nasıl tanıdığıdır. Yani size karşı (s)empatik, antipatik veya nötr durumda olmalarıdır.

Genellikle az bilinince iyi bilinme oranınız yüksektir. Çok bilinmeye başladığınızda kötü bilinme riskiniz de aynı oranda artar. Çünkü bir grup insan (en az %20'lik bir kesim!) çok bilinen herkesten nefret eder! *Bu yüzen genellikle şöhreti çok yaygın olanlar saygın olamaz, çok saygın olan da fazla yaygınlaşamaz.* Şöhreti hem yaygın hem saygın olanlar ise genellikle yaşlılar ve ölülerdir!

Başarı yolunda giderken bazen bu eşiğe gelinir ve bir tercih yapmak gerekir. *Büyük işler başarmak için, çok sayıda insanın sizi kötü bilmesini göze almak mı, iyi bilinen ama çok da fazla bilinmeyen biri olarak kalmak mı?* Seçim sizin!

Her şeye rağmen başarmayı seçenlerin *"Büyük insanların heykelleri hayattayken üzerine atılan taşlardan yapılır"* deyişini cep telefonlarına açılış cümlesi yapmaları önerilir! Çok sayıda insanın nefretini kazanmak pahasına, doğru bildiği büyük bir işi yapmayı düşünenlere, bugün Amerika'nın en büyük başkanlarından sayılan Lincoln'un köle kullanımını yasakladığında hakkında medyada (özellikle taşra gazetelerinde) çıkan yazıları okumalarını öneriyorum![13]

İlk büyük başarı şokunu yönetmek: Başarı bazen en büyük baştan çıkarıcıdır!

Kendi başarınızın *sizin üzerinizdeki etkisini* yönetebilmeniz çok önemlidir.

Başarıyı taşımak bir sanattır. Başarıya yakışmayan insanlar, başarıyı taşıyamaz. Bazıları başarılı olmak için uygundurlar ama başarılı kalmak için yetersizdirler. *Başarıyı taşıyamamanın en büyük cezası gördüğünden eksik yaşamaktır.* Bu tür insanların yakın arkadaşlarının baş ağrısı ise sürekli *geçmişiyle övünen* bir insana katlanmaktır!

Başarının etkilerinin önceden farkında olmak çok önemlidir çünkü yan etkileri hesaba katılırsa büyük bir başarı, büyük bir aşk-

tan daha güçlü çarpar insanı. Başarı en büyük baştan çıkarıcıdır. Akıl çelendir. Büyük başarı aklını başından alır insanın. Hele ilk kez yaşanıyorsa!

Başarı güzel bir kadına benzer, onu tutkuyla sevmezseniz ona sahip olamazsınız, hem tutkuyla sevip hem de sahip olduğunuzda ise, artık kontrol ona geçmiştir. Onu sevmek onun karşısında zayıflatır sizi. Belki bu yüzden Çinliler, *"Kadın peşinde koşmanın zararı yoktur, zarar veren onları yakalamaktır!"* demiştir. Aynı söz bazı başarılar için de geçerlidir. Başarı peşinde koşmanın insana bir zararı yoktur, insanı baştan/yoldan çıkaran başarıya ulaşmaktır!

Başardığınız iş ne kadar görkemli ise ilk şok o kadar güçlü olacaktır. *Büyük bir iş başarınca, ilk iş olarak kendinize sormalısınız: "Neler oluyor bana?"* Başarı sarhoşluğu. Başarı şaşkınlığı. Başarı şoku. Adına ne derseniz deyin, işte onu yaşayacaksınız. Bir dönüşüm geçiriyorsunuz. Başarılı işadamı Fethi Şimşek'e göre *"En büyük dönüştürücü başarıdır."*

Büyük bir başarı da büyük bir aşk gibi algılarınızla oynar. Ayaklarınız yerden kesilir, hayatınızın diğer tarafları fonda kalır. *Kendi içinizde ikiye bölünürsünüz, bir tarafınız her şeyi yaşar, diğer tarafınız tüm bunları yaşayan sizi seyreder. Kâh yükselir seyredersiniz alemi, kâh inersiniz seyreder alem sizi!*

Tevazu baskısı ve "ne oldum delisi olma" sendromuna yakalanmak üzerine

Bir insan başarıyı bulduğunda kendisini kaybederse, dilimizdeki güzel bir deyimle, "ne oldum delisi olma" sendromuna yakalanmış demektir. *Aşağılık kompleksleriyle dolu bir insanın yüksek bir noktaya ulaştığında yaşadığı başarı taşkınlığı ve güç illüzyonudur "ne oldum delisi olmak!"* O kişinin *başarıyı sindirme sorunu* yaşadığının bir işaretidir.

Büyük bir iş başarınca tek sorun başarılı kişinin başarıyı hazmetmesi değildir, onun çevresindekiler de sindirim sorunları yaşar! Bir insan çok büyük bir iş başarınca, çevredeki insanlar hemen "Bakalım ne zaman havaya girecek" beklentisine girer. Ardından "Sen artık bizi de tanımazsın!" imalarına başlar, özgüvenli her harekette "egosu şişti" diye damgalamaya çalışılır.

Hele ilk büyük başarıdan sonra çevre bu konuda çok acımasız davranır. Başarılı kişiyi zoraki bir *arabesk ezikliğe*, tevazu gösterilerine zorlarlar. *Bizim gibi "köylü egemen" toplumlarda başarılı insanlara had safhada mütevazı olma baskısı yapılır.* İnsanlar kendini üstün görme ve başkalarını aşağılama hakkına sahip değildir ama *tevazu gösterileri yapmak zorunda kalmak* da iyi bir şey değildir. Herkes içindeki rezervlere göre davranabilmelidir.

Büyük bir iş başardığınızda, başarınızın sizin üzerinizdeki etkisini bilinçli olarak yönetmek için çevrenizi ve yaşadığınız yeri hemen değiştirmemeniz önerilir. Pek çok insan ilk büyük başarısından sonra, -belki de kaybetme dönemlerini çağrıştırdığı için- hemen "işini, eşini, şehrini" değiştirmek ister! Bu konuda acele etmemekte yarar vardır!

Her ne yapacaksanız, önce biraz bekleyip içinizde yeni konumunuzu *normalleştirdikten* sonra yapmanız önerilir. Dış dünyanız çok hızlı değişiyorsa, iç dünyanızı olabildiğince sabit tutmaya çalışın. *Hem dışınız hem içiniz aynı anda ve çok yüksek hızla değişirse, aklınız referans noktalarını kaybedecek, değerlendirmelerinizde büyük sapmalar yaşanacaktır.*

Kariyerinizin üç koordinatını hiçbir zaman aklınızdan çıkarmalısınız;. nereden başladınız, nereye geldiniz, nerede olmak isti-

yorsunuz? Başladığınız yer ile geldiğiniz yere odaklanırsanız egonuz güçlenir, bulunduğunuz yer ile gelecekte olmak istediğiniz yer arasındaki farka odaklanırsanız tekrar başarının gerektirdiği insana dönüşürsünüz. En büyük işinizi başarmadan, bu başarı bandından çıkmamakta yarar vardır.

Bir insan ne zaman ve ne kadar başarılı sayılır?

Başarılı olunca göreceksiniz ki, insanların sizin başarılı olup olmadığınıza karar vermeleri bir hayli zor olacak! Sırf kendi gözüne girmek isteyenlerin rakibi yoktur ama jürinin kararını da önemseyenleri ilginç bir süreç bekler.

İlk büyük başarınızda, size tam inanmayacak, içlerinden *"Bir kez daha yapmayı başar da tesadüf olmadığına inanalım"* diye düşünecekler. Üç defa aynı şeyi yapabilirseniz, artık başarınızı *yargılamayı* bırakıp, sizin *kalıcı olarak başarılı olduğunuza* hükmedecekler ancak, bu defa başarınızdan *yararlanmaya* çalışacaklardır.

Aslında başarının skor tabelası nettir ama duygular, egolar ve çıkarlar o görüşü bozar. Futbolda bile, skor tabelasına göre hangi takımın kazandığı bellidir ama hangi takımın daha *iyi oynadığı* hep tartışılır. Skor tabelasına saygı kültürü olan toplumlarda maçlardan sonra fazla tartışma olmaz, herkes alınan sonuca saygı duyar.

Başarı kavramına çok "duygusal" bakılan, başarının performans değil kader, kısmet, ilişki, şans meselesi olduğuna inanılan bazı toplumlarda ise, *gönüllerin galibi* ile *skor tabelası galibi* çoğu kez farklıdır! Bu tür(k) toplumlarda duygusallık başarı görüşünü bozduğundan *sevilenler* ile *başarılı bulunanlar* genellikle karıştırılır. Başarılı olmak, genellikle çok sevilmekle özdeşleştirilir. *Biz de başarılıları sevmekten daha çok, sevdiklerini başarılı bulan toplumlardanız.*

Hiçbir başarı yargılaması kişisel sempatiden bağımsız değildir. Tüm yaptıklarınızı bir masanın üstüne koyduğunuzu düşünelim. Yapabildiğiniz işlerden biri üç metrelik, biri bir metrelik, biri 5 metrelik olsun. *Sevenleriniz en büyük işiniz kadar iyi, nefret edenleriniz en küçük işiniz kadar kötü olduğunuzu söyleyecektir!*

Peki bu durumda ne yapmalı, nasıl düşünmeli? Rudyard Kipling'in efsanevi "Eğer" şiirinde dediği gibi "başarı ve başarısızlık denilen her iki hokkabaza da" gülüp geçmelisiniz! Siz işinizi en iyi şekilde yapmaya bakın, bırakın onlar yargılasın, gölgenizle oynasın.

Başarıyla ilgili tüm dünyada geçerli olan dramatik bir gerçek şudur: *Bir insan yaşarken en son işi, ölünce en büyük işi kadar başarılı sayılır.* Bu durumda en büyük başarınızın zirvesindeyken ölürseniz, efsane olursunuz! Tıpkı Marilyn Monroe, James Dean, Elvis Presley örneklerinde olduğu gibi!

Başarılmış her işin bir son kullanma tarihi vardır.

Birçoğumuz dünya ağır siklet boks şampiyonu olmak isteriz ama bir daha unvan maçına çıkmak istemeyiz! Bir kere başarılı olup, sonra ölünceye kadar *başarılı sayılmak* isteriz. Başardığımız işin getirdiği övgünün hep sürmesini bekleriz.

Oysa başarılmış her işin getirdiği kredinin bir geçerlilik süresi vardır. Başarının getirdiği övgünün bir son kullanma tarihi vardır. Her başarı gerçekleştiği andan itibaren eskimeye de başlar!

Başarılı sayılmak için periyodik olarak, başarıyla kontratınızı yenilemeniz gerekir.

Başbakansanız her seçimde, yönetmenseniz her yeni filminizde, pazarlamacıysanız her kota döneminde, öğrenciyseniz karne zamanı *unvan maçına* çıkıp kendinizi yeniden (k)anıtlamanız gerekir. Daha önce başardığınız işin getirdiği "kontör" bitmiştir, yeni başarılarla *kariyerinizi şarj etmeniz* gerekir.

Bu neden böyledir? Çünkü başarmak başarısızlığa meydan okumaktır! Başarısızlık yerçekimi gibidir, hayatın fonunda durur ve her şeyi aşağıya çeker.

Başarısızlık doğası gereği, başarıdan daha yaygın ve daha uzun ömürlüdür. *Başarısızlık karanlığa benzer, o hep vardır ama başarı ışık gibidir, var olmak ve varlığını sürdürmek için çabalamak zorundadır.* Başarısızlık hayatın zeminine sırt üstü uzanarak yaşamaktır, fazla çaba gerektirmez, sadece başarısızlığın acısına katlanmak yeterlidir. Başarı ise yükseklerde, hava boşluğunda kanat çırparak tutunmaya çalışmaktır.

Başarının mülkiyeti alınamaz, sadece kiralanabilir. Başarı kişilere mülk değil, devre mülktür! Başarı size değil sadece kendine sadıktır.

O halde başarıyı nasıl kavramak gerekir? *Başarılı olmak bir miktar kumu avuçlarında tutmaya benzer; kumu çok sıkarsanız ya da çok gevşek bırakırsanız avuçlarınızdan daha çok akar.* Doğru kıvamda tutarsanız, yine de akar ama daha az kaybınız olur.

Bir insan ömrünün sonuna kadar başarısız sayılmayacak bir iş başarabilir mi? Son övünme tarihi geçmeyen başarılar da var mıdır? Belki Nobel almak, bir alanda rekor kırmak gibi evrensel statü değeri taşıyan başarılar, yaşadıkça başarılı sayılmak için yeterli olabilir.

Büyük bir iş başarmak, *başarısız sayılmamak için* yeterlidir ama başarılı sayılmak için periyodik olarak belli büyüklükte işler başarmaya devam etmek gerekir. Bu yüzden *başarılı olmayı evde balina beslemeye benzetirim; sürekli çok sayıda küçük ve orta boy balık yakalayıp balinanızı beslemek zorunda kalırsınız!* Balık balıkla, başarı başarıyla beslenir.

Aslında bu konuda iki haber vardır:

Kötü haber; başarı başarıyla beslenir!

İyi haber; başarı başarıyı doğurur!

Her başarı taktiğinin de bir son kullanma tarihi var!

Dünyada en sık yapılan başarı hatası, dün yaptığında sonuç aldıran bir taktiği bugün de kullanıp aynı sonucu almayı ummaktır. Şartlar her gün değişirken, hayat her an akarken, dünya her sabah yeniden kurulurken, hiçbir taktik sonsuza kadar aynı sonuçları aldırmayacaktır.

Oyunun şartları değiştikçe, kuralları da değişir, kurallar değiştikçe de yapılması gerekenler listesi yenilenir. *Başarı dinamik bir oyundur; hız, çeviklik ve açık akıl ister.*

Başarmak için, kendi yapabildiklerimizden dersler çıkarmalı, sonra da o derslere bağlanıp kalmamalı, sağlamasını yapmalıyız. Bu arada, başarı dersleri gibi başarısızlık derslerinin de bir son kullanma tarihi vardır. Dün yapılamayan bugün yapılabilir hale gelebilir.

İnsanların çoğu tuhaf bir şekilde başarıdan değil, başarısızlıktan ders alırlar. Bunun bir nedeni başarısızlıktan kâr etmeye çalışan "züğürt tesellisi" tavrıdır. Çoğunluk önce testiyi kırar, sonra nasıl su taşınacağını öğrenir.

Az sayıda insan ise işleri iyi giderken, başarısından ders çıkarıp, neyi doğru yaptığı için büyüdüğünü, başarısını nasıl sürdürülebilir kılabileceğini düşünür. Bu kişiler testiyi kırmadan önce su taşımayı öğrendiklerinden hayatlarının metrekaresine düşen hata ve pişmanlıkların sayısı daha azdır!

Başarının kri"ter"i: Miras değil, alın teri!

Popüler tıp yazılarını sevenler bilir; *insanın yaklaşık yüzde 75'i sudur!* Başarı için terledikçe insanın içindeki bu su dışına çıkar. *Başarı insanın suyunu çıkarmayı sever!*

Birçok bilge insan başarı için ter dökmenin erdemini vurgulamıştır. Edison, *"Sıkı bir çalışmanın yerini hiçbir şey tutamaz. Deha, % 1 ilham, %99 terdir,"* demiştir. *"Başarı tatlıdır ama çoğunlukla ter kokar,"* der Benjamin Franklin. Bir Türk atasözü, *"İşleyen demir pas tutmaz,"* derken, bir Hint atasözü, *"Demiri kendi pası, insanı tembelliğe alışması mahveder,"* der.

Ter, en gerçek başarı kri"ter"idir. *Başarınızın değerini, onun için döktüğünüz alın ve akıl terinin toplamı ile ölçebilirsiniz.* Bir başarının *hak edilmişliği*, uğrunda dökülen ter kadardır. Zenginlik, şöhret, aşk alın ve akıl terine bu kadar bağlı değildir ama başarı ter ister. Başarı kriterleri içinde en saygın olanı terdir. *Sırtı terlilere herkes saygı duyar.*

Alın teri yerçekimi gibidir, popüler değildir, kimse onun için şarkılar yazmaz ama o hayatın fonunda her an çalışır. Bir ülkeyi politikacılar değil, alnı ve aklı terliler ayakta tutar.

Başarının istediği ter iki türlüdür: Alın teri ve akıl teri. Alın teri, fizik teridir, gözle görünür ve mendille silinir çünkü dışarı doğru akar. *Akıl teri ise, soyuttur, zihnin içindedir, içeri doğru akar.* Yazarların başarısı akıl terine, ırgatlarınki alın terine bağlıdır. *Yazarlar kafa yorar, ırgatlar kol kası. Geleneksel toplumlar ıslak alın terini, modern toplumlar ise soyut zihin terini kutsar.* Modern toplumlarda telif hakkı kutsaldır, köylü toplumlarda "yövmiye" hakkı.

Azimle bir amacın peşinden koşarken terlemek, bir kişinin *kendi suyunu kendi kendine* çıkarmasıdır. Nerede ter varsa, orada *gerçek* vardır. Ter kanıttır. Acı yoksa, ter yoktur, ter yoksa gerçek başarı yoktur. *Ter ruhun başarı için bedenden fışkırmasıdır.* Terin tuzu, azmin başarıya kattığı tattır.

Bir bina için su neyse, bir başarı için ter odur. Bir bina yapılırken, kum ve çimento suyla karıştırılır, karışım tuğlalarla birleştirilip bina yapılır. *Bina bittiğinde bakarsınız, geride kum, tuğla ve çimento kalır ama su görünmez, gitmiştir.* Binayı yapmış, sonra da buharlaşıp uçmuştur. Su özgürdür. Su asildir. *Suyun gözü toktur, binanın başarısından pay istemez. Açılış töreninde binayı sulu, çamurlu göremezsiniz.*

İnsanın başarısında terin rolü suyun bina yapımındaki durumuna benzer. Başarı "üretilirken" ter başroldedir, ama iş bittiğinde, şatafatlı kutlama törenlerinde onu göremezsiniz. Asıldır, vakur bir şekilde geride durur. Başarının kutlama törenlerinde yerini parfüme bırakmıştır.

Bir başarının terinin eksik olması tehlikelidir. Tam hak edilmemiş, alın ve akıl teri eksik, biraz çaba biraz şans, bolca ilişki gücüyle ulaşılmış başarılar insanda güven duygusu yaratmaz. Aksine *hak edilmemişlik bilgisi* o başarıyı kaybetme korkusu yaratır. *Başarılı olmaktan değil, başarısına layık olamamaktan korkmalı insan.*

Bir insanın en büyük serveti, işini çok iyi yapan biri olarak bilinmesidir.

Buraya kadar anlattığım taktikler başarının kaburga kemikleridir ama başarının omurgası işini iyi yapmaktır. Elindeki işi yanındakinden iyi yapmaya azmetmekle başlar her şey. Sonra işinde mahallenin, şehrin, ülkenin en iyisi olacak şekilde ölçek büyütmek gerekir.

Başarının temeli, işini her gün, o ülkede, o işi en iyi yapan olmaya çalışacak şekilde yapmaktır. İşini iyi yapmak ve her gün *daha iyi nasıl yapabileceğini düşünmek,* işte başarıyla ilgili bütün mesele bu!

Bu, kendimizle yaptığımız bir mücadeledir. Akıl ve disiplin gerektirir. Başarılı insan her gün kendisini yenmesi gereken, her gün aklına akıl katması gereken insandır.

Yaptığı işe kendini kaptırmak, o işi yaparken kendinden geçmek, gelecekteki büyük başarının ilk işaretleridir. Shakespeare, *"Parmaklarını yalamayan aşçı, iyi bir aşçı değildir!"* der. İşini "iş" olarak görmeyenler, o işi para vermeseler de yapacak kadar sevenler, gelecekte kendilerini görecekleri yer için şimdiden sevinebilirler.

İnanıyorum ki, bir insanın hayatta en büyük avantajı, başkalarının onun arkasından konuşurken, "O işini çok iyi yapan biridir," demesidir. Arkasından böyle konuşturabilmek en büyük gelecek güvencesidir. İnsanları gıyabında böyle konuşturabilenlerin sırtı yere gelmez, hayatı her gün biraz daha büyür. Yarınları hep bugününden daha iyi olur çünkü onlara sürekli "teklif" gelir. *İnsanlar arkanızdan işinizi yapma şeklinizle ilgili ne söylüyorsa, o kadarsınız!*

Geçen yıl gazetelerde bir haber okudum. Hindistan'da hapishanede görevli bir aşçı, o kadar güzel yemek yapıyormuş ki, mahkûmlar çıktıktan sonra basit suçlar işleyip yeniden o hapishaneye geliyormuş! Hapishane gibi kötü şartlarda bile işini iyi yapan bir insana hayran olmamak mümkün mü? *Ben de içimden, "Keşke benim kitabımı okuduktan sonra işini iyi yapmaya karar verdiğini söyleyebilseydi!" dedim!* O muhteşem insanın benim okurum olmamasını eksiğim saydım, kıskandım.

İşini iyi yapan insanlara gerçekten saygı duyarım. İşin büyük ya da küçük olması da önemli değildir. Şu Alman atasözünü çok severim: *"Görevin kibrit kutusuna kibrit çöpleri dizmekse bile, işini en iyi şekilde yapacaksın!"*

Dürüstlükten kaybettiğini düşünenlere kötü haber: Kötü yolda da rekabet vardır!

Yeteneksiz ama ihtiraslı bazı insanlar, başarısızlıklarını ahlâken taviz vermemelerine bağlama eğilimindedirler. Bu kişiler "başaramadım çünkü dürüstüm" edasıyla, *iyilikten kaybetmiş insan mağrurluğuna sığınırlar.*

Başarıya giden "iyi yollarda" yürüyen birçok insanın aklının "kötü yollarda" kalması garip bir durumdur. Özellikle orta ve üst sınıf sektörlerde çalışanlara, "neden daha iyi bir yerde olamadıklarını" sorduğunuzda, verdikleri cevap ürkütücüdür. *Çünkü kadınlar genellikle başarısız olmalarını ahlâksız teklifleri kabul etmemelerine, erkekler ahlâksız teklifler yapmamalarına bağlarlar!*

Mesela bazı vasat müteahhitler, "Ben de rüşvet verip, iktidar partisinin il başkanlığında el öpseydim, silahla adam tehdit etseydim daha başarılı olurdum," der. Bazı vasat kadın sanatçılar, "Ben de diğerleri gibi yönetmenin yatağından geçseydim, iyi yerlere gelirdim!" der.

Yeteneksizlikten değil, donanımsızlıktan değil, başarı becerilerinde eksiklik olduğundan değil, *sırf dürüst oldukları için* başarısız olduğunu düşünen insanların bu kadar çok olması beni şaşırtıyor. Çünkü bu çok yaygın bir yanlış algılama!

Bu tür insanları bazen karşıma alır şöyle derim: *"Bakın, iyiliğin yolunu seçtiğiniz için kaybettiğinizi söylüyorsunuz, kötü yola sapsaydınız kazananlardan olacağınızı düşünüyorsunuz. Belki de yanılıyorsunuz! Çünkü kötü yolda rekabetin olmadığını sanıyorsunuz. Kötü yolda da rekabet var! Rüşvet verenler ya da "yönetmenin yatağına" razı olanlar arasında da rekabet var! İktidar partisinin il başkanlığında ihaleyi almak isteyenlerin oluşturduğu kuyruk var. Yönetmenin yatağının önünde de kuyruk var. O yarışı kazanacağınızı nereden biliyorsunuz? Hadi yönetmen sizi oynattı, peki seyircinin izlemesini sağlamak için ne yapmayı düşünüyorsunuz?! Kötü yollar da göründüğü kadar kısa değil!"*

Bu gibi insanların tavırlarındaki o *kötü yola sapmadığı için kaybetmiş insan olma mağrurluğu* beni hep rahatsız etmiştir. Kaybetmesinin tek nedeni olarak dürüstlüğünü göstermek pek dürüstçe bir hareket değildir!

Eğer büyük hırslarınız ama küçük yetenekleriniz varsa, size ahlâksız teklifler gelecektir çünkü taviz vermek zorunda olduğunuz bilinir. Elbette bu durum ahlâksız teklifi yapanın ahlâki sorumluluğunu ortadan kaldırmaz. O kişinin ahlâksızlığı ayrı konudur.

Burada konumuz şu; *bazı insanlar için ahlâksız teklifler almaktan daha dramatik olan, ahlâksız teklifi kabul etse de bir yere gelemeyecek olmalarıdır!*

İyi insan olmak hayatta baş köşeye oturmak için tek başına yeterli değildir!

Ormanda dolaşırken ayağına diken batan bir aslan, rastladığı çobandan bunu çıkartmasını istemiş. Çoban istediğini yapmış. Az önce başka bir çobanla karnını doyurmuş olan aslan, onun kılına bile dokunmadan uzaklaşmış.

Uzun zaman sonra aynı çoban, haksız bir cezaya uğrayıp arenada aslanlara atılmış. Aslanlar onu yemek üzereyken, içlerinden birinin şöyle dediği duyulmuş:

"Durun! Bu benim ayağımdaki dikeni çıkaran adam!"

Ötekiler bu özel ilişkiye saygı gösterip kenara çekilmiş.

Hak sahibi aslan çobanını tek başına yemiş![14]

Bazı insanlar "sade(ce) iyi insan"dır ve sadece iyi insan olmakla hayatın onları baş köşeye oturtmasını hak ettiklerini düşünürler. *Üzgünüm ama bence hayat bu insanlarla aynı fikirde değil! Daha da kötüsü hayat iyilerden daha çok güçlüleri sever!* Hayat bir tercih yapacaksa, başarılıları iyilere tercih eder. Çünkü başarılılar hayatın daha çok işine yarar! *Bu yüzden genellikle başarılı ama kötü insanları başarısız ama iyi olanların üstüne çıkartır!*

Güç doğada vardır ama iyilik ve kötülük insan aklının ürünleridir. Hiçbir aslan avını iyilik duygusuyla yememezlik etmez. Sırf iyi insan olduğu için en iyisini hak ettiğini düşünenler, zamanla başarısızlığın pençesinde kıvranırken *hayatın adil olmadığını* düşünürler. Bu insanlar hayatın değil kendi (b)eklentilerinin kurbanıdır. Çünkü hayat dünyaya gelirken insana hiçbir vaatte bulunmaz!

Bu kişiler bakış açılarını yeniden düzenlemeli, *hayatı kendilerine karşı borçlandıran inançlardan* zihinlerini temizlemelidir. İyi insan olmak araç değil amaçtır.

İyi insan olmanın bir şey kazandırması gerekmez. İyilik bir hak değil, görevdir. İyi insan olmanın ödülü, iyi insan olmuş olmaktır.

Bazı iyi insanlar başlarına kötü bir şey geldiğinde geçmişte yaptıkları iyiliğin onları korumamasına çok şaşırır. Fransa Kralı Luis'in dediği gibi, "Tanrı onun için yaptıklarımı unuttu mu?" diye sızlanmaya başlarlar.

Bu tür durumlarda nasıl düşünmek gerektiğine dair güçlü bir örneği Hıncal Uluç köşesinde yazmıştı: *"Wimbledon'ın ilk zenci şampiyonu efsanevi tenisçi Arthur Ashe, kan naklinden kaptığı AIDS'ten ölüm döşeğindeydi. Hayranlarından biri sordu: "Tanrı böylesine kötü bir hastalık için neden seni seçti?" Arthur Ashe cevap verdi: "Tüm dünyada 50 milyon çocuk tenis oynamaya başlar, 5 milyonu tenis oynamayı öğrenir, 500 bini profesyonel tenisçi olur, 50 bini yarışmalara girer, 5 bini büyük turnuvalara erişir, 50'si Wimbledon'a kadar gelir, 4'ü yarı finale, 2'si finale kalır. Elimde şampiyonluk kupasını tutarken Tanrı'ya 'Neden ben?' diye hiç sormadım. Şimdi sancı çekerken, Tanrı'ya nasıl 'Niye ben?' derim? Mutluluk insanı tatlı yapar. Başarı ışıltılı. Zorluklar ise güçlü. Hüzün insanı insan yapar, yenilgi mütevazı. Tanrı'ya asla 'Neden ben' diye sormayın. Ne olacaksa olur."*

İyiliğe güvenmek güzeldir ama sadece ona dayanmak akıllıca değildir. İyiliğe sığınmamalı ama *iyi niyet ve sıkı çalışmanın gücüne* inanmaya devam etmeliyiz.

Şanslılık, başımıza gelene değil, içimizde olana bağlıdır!

Hayatta en çok kim şanslıdır bilir misiniz?

En çok imkâna sahip doğanlar mı? Sanmıyorum!

Hayatta en şanslılar, büyük *başarı imkânlarıyla* değil, güçlü bir *başarı isteğiyle* doğanlardır.

Bana –pek soran olmuyor ama!- "Başarınızda şansın rolü oldu mu?" diye soran olursa, *"Hayatta en büyük şansım, büyük bir iş başarma tutkusuyla doğmuş olmam,"* derim. Biliyorum ki, *hayatta bütün başarı taktikleri öğrenilebilir ama başarılı olma isteği öğrenilemez.* Tutkulu bir istek vardır ya da yoktur.

Tutkulular, tanrının kayırdığını düşündüğüm insanlardır. Bugüne kadarki hayatımda bazı insanlar gördüm, önlerinde imkân vardı, içlerinde istek yoktu. Bazı insanlar gördüm, içlerinde istek vardı önlerinde imkân yoktu. İstekliler, ne yapıp edip imkânlara ulaştılar. İmkânlı ama isteksizler, imkânlarını da zamanla kaybettiler. İstek imkânı yaratır ama imkân isteği yaratamaz.

İmkân, isteği olmayana yüktür. İşadamı olmak istemeyen bir çocuğa babasından fabrika kalması ona (bü)yüktür. Büyüklük onu istemeyen biri için en büyük yüktür.

Şanslılık başımıza gelenlerin ne olduğuyla değil, içimizde olanların ne olduğu ile ilgilidir. Hayatın hazırladığı mutlak gollük pozisyonlarla karşılaşmak şans değildir, o kolay pozisyonda gol atsanız da insanlar sizi alkışlamazlar. Başarınızın azim ya da yetenekten değil, uygun pozisyondan geldiğini bilirler. Şans, zor pozisyonlarda gol atabilen bir yetenekle doğmuş olmak ve o yeteneğini eğitimle iyice keskinleştirecek bilince sahip olmaktır.

Bana sorarsanız, en şanslı kişi, yeterince sıkı çalışınca şansın desteği olmasa da "son-uç"a gidebileceğine inanan kişidir! Çünkü bu kişi kendi şansını yaratan, hayatın her haline önceden zihnen hazırlanan, şanslılığa bağımlılığı az olan insandır. *Ne kadar çok çalışırsanız şansa o kadar az ihtiyacınız olur. Şansa ne kadar az ihtiyacınız olursa, o kadar çok şanslısınız demektir!*

Ego rüzgar gibidir, varlığı gemiyi yüzdürür, çokluğu gemiyi batırır!

Başarı ile insan egosu arasında ilginç bir ilişki vardır. *Egosu hiç olmayanlar pek büyük işler başaramaz, büyük işler başardıktan sonra büyüyen ego ise o başarıya zarar verir.* Ego yemeğin tuzu gibidir, onsuz olmuyor ama aşırısı da her şeyin tadını bozuyor. İdeal ego, bir doz meselesidir.

O kadar çok insanın yükseliş ve düşüşüne tanık oldum ki, *bir yükseliş ve onu izleyen düşüşün anatomisi* genellikle şöyledir:

Bir insan kendine güvenmektedir. Başarılı olmak istemektedir. Hayali için iddialı bir güvenle harekete geçer. İlk denemelerinde sonuç alamayınca, özgüveni sarsılır. Güvenin yetmediğini, ye"terli" çabanın şart olduğunu görünce hemen egosunu bir sandığa kilitler.

Başarının *şartnamesine göre şekillenmiş* bir insana dönüşür. Azmeder, kollarını sıvar, iki katı çalışmaya, üç katı "nasıl yapabilirim"i düşünmeye başlar. Tüm ruhuyla, elleriyle, kalbiyle, beyniyle işine kilitlenir, amacına göre yaşam tarzını düzenler, hayaline sahip çıkar. O hedefe ulaşmanın bedeli neyse onu öder. Akıllı, düzenli ve kararlı çabasının sonucunda zamanla hedefine ulaşır. Başarılı olmanın gereklerini yapmış ve artık sonuç alıp "başarılı" olmuştur.

İşte bazı insanlar bu aşamada yeniden raydan çıkar! Başarıya ulaşmıştır ya, birden kilitli sandıktaki egoyu geri çıkartır, "Ben zaten hep başarılıyım" diye dolanmaya başlar! Geçmişini bile yeniden yazar. *"Ben artık başarılı oldum"* diye düşünür, *"Başarılı bir iş yaptım"* diye değil. Tek gol atmış, kendini maçın galibi ilan etmiştir!

Oysa önündeki maç halen devam etmektedir.

İşte kahramanımız tam da bu noktada "kafadan kaybetmeye" başlar ama bu basit *tavır değişikliğinin* sonuçlarının "henüz" farkında değildir.

Geçmişteki çabasının geri dönüşü nedeniyle başarısı halen büyüyerek devam etmektedir. *Bu yüzden bizimki de böyle düşünmenin hiçbir sakıncasının olmadığı düşüncesindedir!* Oysa başarısızlığın tohumları içinde atılmış, büyümeye başlamıştır.

Bir süre sonra büyük çözülme başlar. *Başarısı insanların ondan beklentisini artırmıştır ama o artık "zaten" başarılı olduğu için, performans kaygısıyla elinden gelenin en iyisini yapmak için "kasmamaktadır."* O artık başarılı "olmuştur" ya, "başarılı işler yapmak" için didinmesine gerek yoktur. Hatta ona sorarsanız, o her ne yaptıysa, *sırf o yaptığı için* başarılı sayılmalıdır!

Böyle düşündükçe performansı düşer. İnsanlar ondan beklediklerini bulamamaya başlar. *Daha da kötüsü, başarısı ondan (b)eklentileri de çok fazla artırmıştır.* Alkışlar önce sessizliğe, sonra ilgisizliğe dönüşür. Onu büyüten tavsiye çemberi, tersine çalışıp onu küçültmeye başlar.

Egosu yüksek insanlar için başarı bir yanlış anlamadır! Bu insanlar *başarılı insan oldukları için* sevildiklerini sanırlar ama aslında yaptıkları iş *kitlelerin bir ihtiyacını* giderdiği için seviliyorlardır. *Başarılı insanlar şemsiye gibidir; yağmurlu günde açılıp kullanıldıklarında, yani bir ihtiyaç giderdikçe el ve baş üstünde tutulurlar!* Başarılı insanlar kitlelerin belli işlevleri görmek için kullandıkları araçlardır. İşe yaradıkça, değerlidirler.

Bir bina için kolonlar neyse, insan için de ego aynı işlevi görür. Egosu yok edilmiş insanlar, kolonsuz binalar gibi kendi başına zor ayakta durur. Egosu çok büyümüş insanlar ise, kolonları odalarından büyük binalara benzer, sağlam dururlar ama hiçbir işe yaramazlar! Sonuçta o bina sırf ayakta durması için değil, bir işe yaraması, odaların kullanılması için yapılmıştır.

O halde ne yapmalı? Başarılı insan *olmaya* değil, başarılı işler *yapmaya* (ç)alışmalı! İşini öne koymalı, kendini değil.

"Başarılı olmak" hiçbir şey, "başarılı işler yapmak" her şeydir!

İnsanlar başarıyı algılayışlarına göre ikiye ayrılır: *Olmak merkezli* düşünenler ve *yapmak merkezli* düşünenler. Başarılı olmak algısında, başarı bir pozisyon gibi görülür. Oraya gelinceye kadar çok şey yapıp, oraya ulaşınca "çabasızca" orada kalınacağı düşüncesi bilinçaltında vardır. "Doktor ol, hayatın kurtulsun" felsefesi gibi!

Başarılı işler yapmak algısında ise, önce bir iş yapılır. Sonuç başarılı ise o başarı kutlanır. Sonra hemen o başarı unutulur ve yeni bir başarı için tekrar en başa, sıfır noktasına dönülür. Başarı biraz tevazuyla karşılanır. Bu tarz başarı kültüründe *ter kurumadan* yeni hedefe geçilir. Osmanlı bunu yapabildiği için yükselmiştir. Bu yüzden, "*Osmanlı ekmeğini dizinde yer,*" denmiştir.

Olmak algısı ile yapmak algısı arasındaki farklar saymakla bitmez. *Olmak algısı egoyu büyütür, yapmak algısı işi. Olmak algısındakiler başardıkça elitleşme eğilimdedir, oysa yapmak algısındakiler başardıkça işlerini daha iyi yapmaya çalışırlar. Olmak algısındakiler, eski başarılarından bahsetmekten hoşlanır, yapmak algısındakiler ise ellerindeki yeni projelerden. Olmak algısındakiler her başarının getirdiği övgünün bir son kullanma tarihinin olduğunu kabul etmek istemezler, yapmak algısındakiler ise elleri işle dolu olduğu için övücü konuşmaları dinlemeye bile zaman bulamazlar. Olmak algısındakiler, bir başarır üç anlatır, yapmak algısındakiler üç başarır bir anlatır.*

Başarı ile ilgili en büyük talihsizlik, dilimizde "başarılı olmak" diye bir ifade kalıbının olmasıdır. Ben de bu ifade kalıbını kullanıyorum ama elimde olsa "başarılı olmak" ifadesini tüm hafızalardan siler, "başarılı işler yapmak" şeklinde kullanılmasını sağlardım.

Başarılı olmak diye bir şey yoktur, başarılı işler yapmak vardır. Başarılı *iş yapan,* bir süreliğine *başarılı olmuş* sayılır ama bu statünün bir *son kullanma tarihi* vardır.

Olmak merkezli düşünenler başarılı olduktan sonra çoğunlukla büyük bir hayal kırıklığına uğrarlar. Onlar başarılı olduktan sonra yan gelip yatmayı planlarken, başarı onlardan daha çok çalışmalarını istemiştir! "Ağalar da marabalar kadar çalışacaksa, ben neden ağa oldum ki!" şaşkınlığı içinde yaşarlar. Başarı hakkında söylenip dururlar. Başarılı insan olmanın ayrıcalıklarını bilmek ama abartmamak gerekir.

Size bir dost tavsiyesi: *Başarınıza değil, işinize odaklı yaşayın. Büyük bir iş başarınca, başarınızı ilk unutan siz olun! Başarısızlığınızı ise ilk gören siz olun!*

Gergedan derili olmayı öğrenmek:
Başarılı olduğunuzda, herkesin sizi alkışlamasını beklemeyin!

Başarılı olup şöhretiniz arttıkça hiç tanışmadığınız halde sizi sevmeyen insanlar da otomatik olarak artacaktır. ABD başkanlarından Theodore Roosevelt, *"İnsanların beşte biri prensip olarak her şeye karşıdır!"* demiştir. Ben de bu orana inananlardanım.

Sizi tanıyanların beşte biri, kendiliğinden sizi sevmeyecek! Ne yaparsanız yapın, bu durum pek değişmeyecek. *Bu insanların sizi sevmemesini çok da umursamamalısınız, çünkü onların derdi sizinle değil kendileriyle!* Onlar hayat denizinin piranha balıklarıdır, ısırmak onların fabrika ayarlarında var! *Oran beşte biri geçerse, başınıza gelene katkınızı düşünmeye başlayabilirsiniz!*

Başarı, baş ve arı kelimelerinin birleşmesinden oluşur demiştim. Takdir edersiniz ki, bal arıları *üretim için* çalışırken, onların çıkardığı vızıltılardan rahatsız olan çok sayıda *eşek arısı ve sinek* de yaşar dünyada!

Başarılı insanlar, genellikle çevrelerindeki diğer insanları da başarılı olmaya zorlayıp, *onlara daha hızlı tempoda koşma baskısı* yaptıklarından bazen sevilmezler. Baş+arı'cılar, "Bu şartlarda hiçbir şey yapılamaz" diye söylenerek oturan insanların arasına girip yapılamaz denilenleri yaparak onların tüm mazeretlerini yıkınca onları "rahatsız" ederler.

Bazı insanlar sırf başkaları tarafından sevilmek için başarırlar. Başarılı oldukça daha çok insan tarafından sevileceklerini umarlar. *Üzgünüm ama başarının böyle bir işlevi yoktur!* Dış onaya önem veren bu insanlar, başarılı olmadan önce, başarılı olmanın gereği ile "sevimli" olmanın gereği çatışınca ne yapacaklarını şaşırırlar. Başarılı olduktan sonra ise yeterince alkış almayınca yıkılırlar.

İşin ilginç yanı, insanlar birinin alkış için başardığını, kendilerinin alkışlarına muhtaç olduğunu gördüklerinde o alkışı bir koz olarak kullanmaya, "idareli" alkışlamaya, övgülerini daha "hesaplı" yapmaya başlarlar. Kendini iyi hissetmek için "insanların eline bakmayanları" daha hesapsızca alkışlarlar.

Başarı içten onaylı, kendi yargılarına güvenen, *eleştiriye karşı derisi dayanıklı* insanları sever. Beşte bir kuralını koyan Roosevelt'in eşi Nancy Roosevelt, *"Başkan eşi gergedan derili olmalıdır!"* demiştir. Bu kural başarılı olmak isteyen herkes için de geçerlidir. Sosyal başarı gladyatörleri, ince ruhlarını kalın derilere sarmalayıp öyle saklar.

Bir gün senarist Birol Güven arayıp, "Tam senlik bir cümle geldi aklıma," dedi. Ne olduğunu sordum. *"Bu ülkede insanı Teşvikiye Camisi'nde takdir ederler!"* dedi.

Teşvikiye Camisi, genellikle ünlü ve büyük adamların cenazelerinin kaldırıldığı yerdir. "Teşvik"iye Camisi'nde "takdir" edilirsiniz; yani en candan alkışınızı ölürken alırsınız!

Bu dünyada hiç eleştirilmeden yaşamak deliler ile ölülerin ayrıcalığıdır! Bu kitabı okuduğunuza göre siz *akıllı* ve *canlı* olanlar kategorisine giriyorsunuz!

Başarılı olduktan sonra başarı heyecanını yitirmek: Beraber ve solo başarı mızmızları korosu sunar!

İnsan ilk büyük başarısına ulaşıncaya kadar, başarıyı gözünde büyütür. Doğal olarak gözünde büyüttüğü şeyin arka planını pek göremez!

Bir gün büyük başarıya ulaştığında, başarının beklemediği bazı güzel taraflarının yanında, hayal kırıklığına uğratan taraflarıyla da karşılaşır. *Bazı insanlar daha da kötüsünü yaşar; başarılı olduktan sonra, asıl istediklerinin o olmadığını anlarlar!*

O andan sonra ne ileri gitmek isterler, ne de geriye dönebilirler, oldukları yerde patinaj halinde kalırlar. Bu da dillerine vurur, sürekli söylenirler!

"Şöhret insana mutluluk getirmez!", "Bu ülkede başarılı insanlardan nefret ediliyor!", "Para insanı bozuyor!", "Bugünkü aklım olsaydı, bir tatil kasabasında büfeci olurdum!" *Dipte başarısızlığın pençesinde yaşarken başarısızlıktan yakınan ne kadar insan varsa, zirvede başarıdan yakınan en az o kadar insanın olması ilginçtir!* Bu insanların çoğu başarısız bir hayata kızarak başarılı olur ama başarılı olduktan sonra bu defa başarı hakkında söylenmeye başlarlar!

Bu insanların söylenme nedenleri türlü türlüdür. Bazılarının söylenmek fabrika ayarlarında vardır, bu gruptakilerin söylenmek için haklı nedenlere ihtiyaçları yoktur! Bazıları başarı yorgunudur. Başarılı olmanın bisiklet üstünde yaşamaya benzediğini, insanı sürekli pedal çevirmek zorunda bıraktığını, bunun da insan ruhunu ve bedenini tükettiğini söylerler.

Bazıları ise başarılı oldukça başarıdan sıkılmıştır. Uçağı yerden bulutların üzerine havalandırırken manzara güzeldir ama bulutların üstüne çıktıktan sonra sürekli uçak penceresinden bulut seyretmekten bunalmışlardır. Başlangıçta başarısızlık kafesinin içinden çıkıp başarı sirkinde alkışlar eşliğinde ip üstünde gösteri yapmak güzel görünmüştür ama bir süre sonra sirkin içinde ve ipin üstünde yaşamaya mahkûm olmak, o alkışların *performansa bağlı şartlı sevgi* olduğunu bilmek de bunaltıcı bir esaret hali olarak görünmeye başlanmıştır.

Sonuçta, aşkın ömrü üç yıl ise, başarı aşkının da bir ömrü vardır! Her başarılı insan bazen başarıdan sıkılabilir. Uzun sürmemek kaydıyla bu doğal ve normaldir. Böyle zamanlarda biraz içe dönüş ve yalnızlık iyi gelebilir. İnsan bir süre içine çekilerek kendi içini gözleyebilir. Kalıcı ve köklü bir şekilde başarıdan soğuduğunu görüyorsa, başarı oyunundan çekilebilir. *Sonuçta insan başarılı olmayı istemek zorunda değildir!*

Burada temel sorun başarılı olmayı istememek değil, hem başarı yarışının merkezinde olup hem de başarıyı istememektedir. F1 yarış pistinde bulunuyorsanız, maksimum hız limitinizi siz seçebilirsiniz ama minimum hız limitinizi siz seçemezsiniz! Oyunun merkezinde olmanın gerektirdiği asgari performansı göstermek zorundasınızdır.

Gözlemlediğim kadarıyla, bir insan başarı tutkusunu ne kadar kaybetmişse, başarılı bir hayatın sorunlarından o kadar çok şikâyet eder. Hayatta gelebileceği en iyi yere gelmiş, *kendi kişisel zirvesinde patinaja başlamış* bu tür insanlar sürekli başarıdan yakınır. Bu insanların söylenmelerine ben *başarı arabeski* diyorum.

Bu beraber ve solo başarı arabeski korosunun en sık söylediği besteleri nelerdir? *Bu insanlar başarıdan yakınırken sık sık, başarının kıskançlık uyandırdığını, başarılı insanların "bu ülkede" sevilmediğini, başarının "sahte dostluklar ve gerçek düşmanlıklar" kazandırdığını, başarılı olduktan sonra da başarının bedel-*

lerinin ödenmeye devam edildiğini, başarının aileye ayrılması gereken zamanı çaldığını, başarının stresli bir iş olup insanın sağlığını tükettiğini, başarının sonunun olmadığını, başarıyla gelen paranın mutluluk getirmediğini, başarılı oldukça insanların beklentilerinin arttığını, sürekli en iyi performansı göstermek zorunda olan bir yarış atı gibi yaşamanın insanın psikolojisini bozduğunu, başarılı oldukça insanın daha çok başarılı olmak zorunda kaldığını, başarılı oldukça insanın daha görünür olup hayatını daha tehlikeye açık hale getirdiğini söylerler.

Bu düşüncelerinin bazılarında haksız da değildirler ama bu tarz düşüncelere odaklanmak insanı başarıdan soğutup, o başarının sonunu getirir. Zirvenin öteki yakasında uçurum vardır. Bu yüzden *insanı başarıdan soğutacak* bu tarz düşünceleri çok fazla sayıklamak insanı güçsüzleştirir. *Başarının iyi bir şey olduğuna inanarak başarılı olabilirsiniz ama başarının kötü bir şey olduğunu düşünerek uzun süre başarılı kalamazsınız!*

Peki bu başarı mızmızları ne yapmalı? Birkaç sözle söylenme kesilmez bilirim ama hiçbir şey söylemeden de geçmeyeceğim. Belki de biraz alaturka düşünüp şükretmeyi bilmek, bir zamanlar orada olmayı ne kadar istediğini kendine hatırlatmak, başarının bedelleri kadar ödüllerine de odaklanmak, eğer başarıyı gerçekten istemiyorsa gidip başarısızlık bölgesinde yaşayabileceğini kendisine hatırlatmak, söylenmenin konumdan değil karakterden kaynaklandığını düşünmek işe yarayabilir.

Bu insanların asıl çözümünü hayat biliyor! Şöyle ki, bu insanlar sahip oldukları başarıyı kaybedince birden akıllanıp susarlar! "Başarı durumu, başarısızlık insanları düzeltir" deyişi bu tür insanlar için söylenmiştir sanki.

Bu arada, bu söylenmelerin altında bazen gizli bir övünmenin olduğunu da bilmenizi isterim. *Çok zenginler paradan, çok ünlüler şöhretten, çok başarılılar başarıdan yakınırken, aslında gizliden gizliye övünürler.* Bir star, "*Kuaförden çıkarken bile magazinciler sürekli beni çekiyor, yaptığım iş tuttu diye özel hayatımı işgal ediyorlar, çok rahatsızım!*" diyorsa, emin olun "Ben şu ara çok popülerim" demek istiyordur! O söylenme gizli bir övünmedir. Başarının getirdiği durumlardan yakınmak, *kendini övüyor görünmeden kendini övmenin* ince bir yoludur. *Zaten "sövgü" kelimesinin de beşte dördü övgüdür.*

Şimdi kendinizle sıkı bir yüzleşme zamanı! Birbirimizi kandırmaya ihtiyacımız yok. Hiçbirimiz başarılı olmayı istemek zorunda da değiliz. Tüm bu bedellerine rağmen hâlâ başarılı olmayı ya da başarılı kalmayı gerçekten istiyor musunuz?

İyi gününe ve kötü gününe rağmen, hastalıkta ve sağlıkta hâlâ başarılı olmak ve başarılı kalmak istiyor musunuz? Son kararınız mı? Cevabınız evetse, olumlu bir şeyler duymayı hak ettiniz. Bilmelisiniz ki, başarısızlık bölgesi cehennem değil, başarı bölgesi de cennet değil. *Bununla birlikte insanlığın çoğunluğu başarısızlık bölgesinden kaçıp başarı bölgesine geçmeye çalıştığına göre, tepedekilerden bazıları sık sık söylense de gidip dipte yaşamaya razı olmadıklarına göre, başarı bölgesi daha iyi bir yer olsa gerek!* Siz bakmayın tutkusunu kaybetmiş insanların mızmızlıklarına. Başarılı bir hayat güzeldir.

Başarıyı ödüllerinin ve bedellerinin ötesinde sevenler, onu en çok hak edenlerdir.

Ortalama insanlar, cehennemden kaçmak, cennette yaşamak için ibadet eder. Amaçları, öbür dünyadaki yaşam standartlarını yükseltmektir. Oysa tasavvuf liderleri *"ne cennetin yüzü, ne cehennemin közü, bana seni gerek seni"* anlayışıyla ibadet eder. Tanrıyı, hesapsızca severler. Tanrının yüzünü görebileceklerse, cehennemin dibine bile gitmeye hazır ve razıdırlar.

Bazı insanlar da, kaybetmenin bedelinden korktuklarından ya da kazanmanın ödüllerine düşkünlüklerinden değil, *sırf başarının yolunda yürümek için* başarıyı severler. Mutluluk için, zenginlik için, aşk için başarılı olmazlar, başarıyı *başka bir değer için araç olarak* kullanmazlar, başarmak için başarırlar. Başarıyı hesapsızca seven bu insanlar, onunla olmayı en çok hak edenlerdir.

Bu insanlar başarmak için doğmuştur. Varoluşsal bir baskıyla başarıya giderler. Bedeli ne olursa olsun, ödülü ne olursa olsun, yeter ki başarı olsun onlar için. Başarmış olmanın kendisini severler. *Onlara göre başarılı olmanın en büyük ödülü, başarmış olmaktır!* Başaranlar liginde olmak, mutlular liginden de, zenginler liginden de daha önemlidir onlar için.

Şimdi kendinizle yüzleşme zamanı: Başarı bir strateji değil samimiyet sorunudur!

Başarıyla ilgili tüm bilgi, teknik ve taktikleri öğrendikten sonra göreceksiniz ki, başarı bir strateji değil, samimiyet sorunudur!

Başarı tavrınız üzerine kendinizle sıkı bir yüzleşmeye hazır mısınız?

Kendinize karşı dürüst olun. *İstediğinizi söylediğiniz şeyleri yapmıyorsanız, aslında yaptıklarınızı istiyorsunuzdur. Neyi yapıyorsanız, gerçekte onu istiyorsunuz demektir.* Tipik bir örnekle anlatmak isterim. Gündüz işyerinde, *"TV'de daha fazla eğitici belgesel yayınlansın, magazin istemiyoruz,"* diyor ama akşam evde *ayağınızı sehpaya uzatmış halde TV karşısına oturmuş magazin izlerken kendinizi yakalıyorsanız,* daha fazla kendinizi kandırmayın, *neyi yapıyorsanız gerçekte onu istiyorsunuzdur!* İnsan kendini en iyi eylemleriyle ele verir. *Ne yapıyorsanız, gerçekte o'sunuz.*

Başarı hakkında *yapılması gerektiğini düşündüğünüz halde yapmadıklarınız* neler? Başarılı olmak için neler yapmak gerektiğini biliyor ama bunlara uygun *yaşamıyor*sanız kendinizle yüzleşme zamanınız gelmiş demektir!

Önce kendinizi bir köşeye çekin! Gerekiyorsa kendinizle sıkı bir kavga edin. Başarı hakkındaki *inançlarınıza ters davranışlar üreten tarafınızla* kapışın! Kendinize başarı konusunda tutarlılık denetimi yapın. *Başarı hakkında işe yarayacağına inandığınız halde yapmadığınız ve işe yaramadığına inandığınız halde yaptığınız davranışlarınızı listeleyin.*

Bu iç bölünmüşlüğüne, içinizdeki bu ikili duruma son verecek bir "iç darbe" yapın. Ya başarı hakkındaki inançlarınıza uygun yaşayın ya da sizi başarısızlaştıran davranışlarınızın arkasında durun. Kendinizi de başkalarını da kandırmayın. Unutmayın, tutarlı ve tembel bazı insanlar, başarı hakkındaki inançları ile davranışları uyumsuz olduğu halde çok çabalayan insandan daha başarılı olabiliyor!

Kim olduğunuzu, ne istediğinizi, istediğinizi nasıl elde edebileceğinizi öğrendikten sonra hâlâ hiçbir şey yapmadan bekliyorsanız, belki de başarılı olmayı "gerçekten" istemediğinizi kendinize itiraf etmenin zamanı gelmiş demektir! Başarılı olmak sizin için bir heves belki de, hedef değil.

Goethe, "*İnandığı gibi yaşamayan, yaşadığı gibi inanır,*" der. Bu düşünce, başarı bağlamında da doğrudur. *Başarmak için çok çalışmak gerektiğini düşünen ama bu inancı doğrultusunda yaşamayan kişi, zamanla başarının şansa bağlı olduğunu, çok çalışmak gerekmediğini düşünmeye başlar.*

Başarılı olmak için yapmanız gerekenlere uygun yaşamazsanız, içine düşeceğiniz başarısız yaşama uygun inançlar geliştirmeye başlarsınız. Düşünce kendine uygun davranış doğurduğu gibi, davranış da kendini onaylayan düşünce üretir. Bu da o istemediğiniz durumun daha uzun süre devam etmesini sağlar. *Çünkü ister olumlu, ister olumsuz olsun, inanç ile davranış uyuşuyorsa, o mekanizma kendini büyütür, o çevrim istikrarlı bir şekilde devam eder.*

Başarı çevrimleri de, başarısızlık çevrimleri de böyle çalışır. Buğday yetiştirmediğiniz tarlanızda, istemeseniz de yabani ot yetiştirirsiniz. Başarılı olmaya çalışmıyorsanız, başarısız olmaya çalışıyorsunuz demektir.

Önemli bir hatırlatma: Herkes başarılı olmak zorunda değildir!

Biz başarı merkezli insanların sık sık yaptığı bir hata, herkesin başarılı olmayı istediği ve/veya herkesin başarılı olmak zorunda olduğu yanılgısına düşmemizdir. Bu, bazen hoş sonuçları olmayan bir yanılgıdır.

İnsanların yüzde doksanı başarılı olmak istediğini söyler ama %10-20 arası büyük işler başarır. Başarılı olan bu insanların içinden de %10-20 arası başarılı kalmayı, bir ömür boyu zirvede durmayı başarır. *Başarısızlar içinden çıkıp büyük işler başaranların da, büyük işler başaranların içinde başarılı kalanların da oranı yaklaşık % 10 ile 20 arasındadır.*

Büyük işler başarabilen insanlar azınlıktır. Bu yüzden herkesi büyük işler başarmaya zorlamak adil ve doğru değildir. İnsanlar üzerinde başarı baskısı/terörü uygulamak temel insan haklarına -ki buna başarılı olmama hakkı da dahildir!- aykırıdır. Başarılı olamayanlar ile başarılı kalamayanlar da, diğer insanlar kadar onurludur.

Başka insanlar üzerinden başarılı olmaya çalışmak, başkalarını kendi başarı beklentisiyle boğmak da hoş bir şey değildir. Çocuklar, anne-babalarının beklediği kadar başarılı olmak zorunda değildir. *Başarısıyla gurur duyacağınız çocuklar yetiştirmek yerine, çocuklarınızın gurur duyacağı anne-babalar olmaya ne dersiniz?*

Aynı şekilde futbolcular da, taraftarların beklediği kadar başarılı olmak zorunda değildir! *Gurur duyacağınız bir futbol takımına sahip olmak için onlara baskı yapacağınıza, kendi hayatınızda çok başarılı olup futbol takımınızın gurur duyacağı bir taraftar olmaya ne dersiniz?*

Hayatını başarı araştırmalarına vakfetmiş bir insan olarak özellikle vurgulamak istiyorum, *kimsenin başka insanlar üzerinden başarılı olmaya hakkı yoktur!* Başarıyı çok seviyorsanız kendiniz başarılı olun lütfen. Her iki tarafın da mutluluğu için başkaları üzerinden hayallerinizi gerçekleştirmeye çalışmayın.

Şu iki basit ilkeyi unutmamak gerekir:

1. *Herkes başarılı olmak zorunda değildir.* İnsanların başarmamayı seçme hakkı da vardır.
2. *İnsan başarılı olur, başarılı yapılmaz!* Eğer isterse herkes kendini daha başarılı yapabilir ama kimse kimseyi zorla başarılı yapamaz.

Başarılı olabilecekken, başarılı olmamayı tercih eden insanlara da saygı duymak, -hayat onlara öyle davranmayacak olsa da- onları da değerli kabul etmek gerekir. *İnsanların başarılı olmayı istememe haklarına saygı duymalıyız.*

Kendi içine baktığında başarılı olma isteği göremeyen biri doğal olarak başarılı olmak için uğraşmıyorsa, ona başarı baskısı yapmamalı, onu değersiz biri gibi görmemeliyiz. Bu durumu bir Hıristiyan'ın İslam'ın şartlarını yerine getirmek zorunda olmaması gibi değerlendirebiliriz. Herkes bizim gibi düşünmek zorunda değildir. *Onlar başarılı olmamayı seçenlerdir.*

Tabii bu insanların yüksek sesle "Ben başarılı olmak istemiyorum!" beyanında bulunmaları gerekir! Hem başarılı olmayı istediğini söyleyen hem de bunun gereklerini yerine getirmeyenlerin işleri kolay değildir!

Başarılı olmak kadar, başarıyı kullanmayı bilmek de bir sanattır.

Büyük bir iş başarmak ile o başarıyı kullanmayı bilmek ayrı şeylerdir. Başarılı olmak için kendini büyütmek kadar, başarıyı kullanarak kendini büyütmek de bir sanattır. Başarı ele geçmiş bir koyundan beş post çıkarma sanatında ustalaşmayı gerektirir.

Birçok insan başarının parayı, mutluluğu, prestiji kendiliğinden getirdiğini düşünür. Bu, bazı durumlar için doğrudur ama çoğunlukla böyle olmaz. *Başarıyı mutluluğa çevirmek ikinci bir başarıdır. Başarıyı saygınlığa çevirmek, ikinci bir başarıdır. Başarıyı paraya çevirmek ikinci bir başarıdır. Başarıyı, başka başarılara çevirmek ikinci bir başarıdır.*

Başarı vadideyken gördüğü ilk zirveye çıkmaksa, o zirveye çıkmak diğer zirveleri görmeyi sağlar ama onlara direkt geçmeyi sağlamaz! Bir zirveden diğerine geçmek, yeni bir zirve yolculuğudur ama ilkinden farklı olarak ne yapmanız gerektiğini *ders* değil *deneyim* düzeyinde biliyorsunuzdur artık.

Başarılı olmayı öğrenmek kadar, *başarıyı kullanma sanatını öğrenmeyi* de önemsemek gerekir. Aksi takdirde, sizin başarınız başkalarını zengin, mutlu ve başarılı yapar.

Başarılı olma çabasını abartıp, kalbinizi katılaştırmayın!

Dünyada iyi olan şeyleri yapan büyük adamlardır. Dünyadaki kötü şeyleri yapanlar da büyük adamlardır. Savaşlardan kahraman olarak çıkanlar onlardır ama çoğu kez kahraman olmak için savaşları çıkaranlar da onlardır!

Hepimiz bir şeyler olmak istiyoruz. Bu arada önemli bir görevimizi unutuyoruz; insan olmak! Birinci görevimiz insan olmaktır.

Kanada'nın Vancouver şehrinde bir parkta oturmuş bu konu üzerine düşünürken kendim için üç basit ilke belirledim. Onlara uygun yaşamaya çalışıyorum. Belki sizin de işinize yarar:

1. *Duru düşünce.* Zihnini netleştir. Kafa karışıklığı tüm kötülüklerin anasıdır. Kendine yapabileceğin en büyük kötülük, uzun süre kafa karışıklığıyla yaşamaktır. Otur, zihnini düzenle, periyodik olarak yargılarını gözden geçir, aklını netleştir.
2. *Temiz kalp.* Kalp de el gibidir, kirlenir; düzenli aralıklarla kalbi de temizlemek gerekir. Beynini her fikre aç ama kalbine sadece seçtiklerini al. Kirli hesapları beyninde yap, kalbin temiz kalsın. Kazanma mücadelesi

kalbini katılaştırmasın. Sevdiğin insanları ellerinden değil kalbinden tut.

3. *Çalışan eller.* Ellerin boş kalmasın. İnsan daha iyi bir dünyayı aklıyla tasarlasa da, elleriyle şekillendirir. Hayat eylemlerde, eylem ellerdedir. Boş eller kötülüklere yardım ve yataklık eder.

O gün o parkta aklıma gelen bir cümleyi "Her Şey Seninle Başlar"ı yazdığım süre boyunca panomda tuttum. Kitaba ruhunu veren o cümle şuydu: *Büyük başarı kalpten gelir, beyinde büyür, ellerden hayata akar.*

İnsanlara rağmen, insanlar için başarmak: "Sen yine de doğrusunu yap!"

Başarılı olma sürecinde çok sayıda insanla "uğraşmanız" gerekecek. Canınızı sıkan insanlara kızıp, insanlığa inancınızı yitirip, insanlar için iyi şeyler yapma motivasyonunuzu sık sık yitirebilirsiniz.

Böyle bunaldığınız (zam)anlarda, dünyayı bulduğunuzdan daha iyi bırakmak bir yana, Shakespeare'in bir sonesinde yazdığı gibi "zırhınız sırtınızda ölmeyi" bile isteyebilirsiniz:

"Ben güneşi görmekten bezdim artık. Varsın dünya yok oluversin! Çalsın bela çanları. Essin ölüm rüzgarları. Zırhımız sırtımızda ölürüz hiç olmazsa!"

İnsanlığa olan inancınızı yitirdiğiniz zamanlarda Kenneth M. Keith'in aşağıdaki metnini okumanızı öneririm. İnsanları bazen *insanlara rağmen* sevmenin, "inadına" doğru ve iyi bir insan olmanın mantığını olabildiğince iyi anlattığını düşünüyorum.

Sen yine de doğrusunu yap!

1. İnsanlar çoğu kez makul değildir, mantıksız ve bencildirler. *Onları yine de sevin!*
2. İyilik yaparsanız insanlar sizi bencillikle, gizli amaçlara sahip olmakla suçlayabilir. *Yine de iyilik yapın!*
3. Başarılıysanız, sahte arkadaşlar ve gerçek düşmanlar edinebilirsiniz. *Yine de başarılı olun!*
4. Bugün yaptığınız iyilik yarın unutulacaktır. *Siz yine de iyilik yapın!*
5. Dürüstlük ve açık sözlülük sizi kırılgan yapabilir. *Siz yine de dürüst ve açık sözlü olun!*
6. En büyük, "büyük düşünen kadın ve erkekler", en küçük "küçük düşünen kadın ve erkekler" tarafından alaşağı edilebilirler. *Siz yine de büyük düşünün!*
7. İnsanlar güçsüz insanları tercih eder, ama yalnız güçlüleri izlerler. *Siz yine de gerektiğinde birkaç güçsüz adına savaşın!*
8. İnşa etmeye yıllarınızı verdiğiniz bir şey bir gecede yıkılabilir. *Yine de inşa edin!*
9. Yardıma ihtiyacı olan insanlara yardım ettiğinizde, onların saldırısına maruz kalabilirsiniz. *Siz yine de yardım edin!*
10. Dünyayı daha iyi bir yer yapmak için elinizden geleni yaptığınızda, tekmeyi yiyebilirsiniz. *Siz yine de dünya için elinizden geleni yapın!*

Birinci işimiz başarılı olmak, ikinci işimiz başarılı insanların sayısını artırmaktır!

Bizim ilk işimiz kendimizi başarılı yapıp, dünyadaki başarısız insan sayısını bir kişi dahi olsa eksiltmektir. İkinci işimiz ise kendimiz gibi başarılı insanların sayısını artırmak.

Size bir dost tavsiyesi: *Bu dünyada bir insanın kahramanı siz olun!*

Bir kişiyi asla hafife almayın. Büyük iyilik önderlerinden Rahibe Teresa gibi düşünün: *"Ben kitleleri sorumluluğum olarak görmem. Bireye bakarım. Bir seferde yalnızca bir kişiyi sevebilirim. Bir seferde yalnız bir kişiyi besleyebilirim. Siz de böyle başlayın, ben böyle başladım. Bir kişiyi seçtim, o bir kişiyi seçmeseydim, belki 42.000'i toplayamazdım. Bu iş, okyanusta bir damladan ibaret. Ama eğer o damlayı koymasaydım, okyanusta bir damla eksik olacaktı. Aynı şey sizin için de doğru, aileniz için de, gittiğiniz kilise için de. Siz başlayın yeter... Bir tane daha, bir tane daha, bir tane daha."*

Bir kişinin hayatını değiştirmek size iyi gelecek. Bir insana "ağabeylik" ya da "ablalık" yapmak, onun dünyasında olumlu ve derin izler bırakmak, sizinle tanıştığı için daha iyi bir yerde olmasını sağlamak, hem "çekirgenize" hem size iyi gelecek.

İki kişilik iyilik projesi bu. Herkesin mutlaka ona ihtiyaç duyan, kahramanı olabileceği bir kişi vardır. Her insan başka bir insanın hayatını değiştirebilir. Kendinize şöyle demelisiniz: *"Bu dünyada bir insan, sadece bir insan, benim dostane desteğimle, bugün dünkü halinden daha iyi bir hale geldi, yarın daha iyi bir durumda olacak."*

Bu bir sosyal sorumluluktur ama aynı zamanda güçlü bir başarı eğitimidir. Kendimden biliyorum; insanlara nasıl başarılı olabileceklerini anlattığınızda, onların hangi kurallara uymadıkları için başarısız olduklarını gördüğünüzde, siz o kuralları pek ihlal edemiyorsunuz artık. Goethe'nin de dediği gibi: *"İnsan kendini en iyi insanda tanır."*

Bir gün başarının zirvesine ulaştığınızda, başarının ötesini göreceksiniz!

Başarının ötesinde olanı görebilmek için önce başarının zirvesine çıkmak gerekir. Başarıya ulaşmanın en ilginç yararları, onun ötesini görebilmeyi sağlamasıdır. *Başarı açlığınızı doyurduktan sonra neyin açlığını hissederseniz, sizin için başarının ötesinde olan odur!*

Seçtiği zirveye tırmanmış birinin o zirvenin ötesinde göreceği şey, o kişinin içinde olup yıllarca başarı hırsının gölgesinde kalmış olan şeydir. Başarının zirvesine çıkmadan, ruhunun derinliklerindeki o bilgeliği bulmaz pek çok kişi.

Bir insan, başarının zirvesinde uzun süre kaldığında bir bilgelik doğar içine. Bu bilgelik başarıyı aşmışlıktan gelir. Başarının ötesinde olan görünmüştür. Başarının iç gözümüze çektiği perde kalkmıştır. Büyük bir başarıdan sonra neyin peşinden koşuyorsa insanlar, o onların içinde yıllarca başarının gölgesinde kalmış şeydir.

İnsanın bir tutkusunu aşması için, ona ulaşması gerekir. Lükse sahip oldukça aşarsınız onu. Büyük paraya sahip oldukça aşarsınız onu. Başarının en yüksek noktasına ulaşınca aşarsınız onu.

Konforun neye yetmediğini konforun zirvesindeyken öğreneceksiniz. Paranın neye yetmediğini sayamayacağınız kadar paranız olduğu zaman göreceksiniz. İktidarın neye yetmediğini politikanın en üst noktasına geldiğinizde göreceksiniz. İlişkilerin gücünün neye yetmediğini, istemediğiniz kadar çok ve önemli insanla tanıştıktan sonra öğreneceksiniz.

En üstün başarının ne olduğunu, başarının en üstüne çıkmış insanlarla yan yana geldiğinizde öğreneceksiniz. Göreceğiniz ne mi olacak? Her şeyi yazardan beklemeyin, gidin kendiniz keşfedin!

Hayatta neye ihtiyacınız olmazsa, ona daha kolay sahip olursunuz!

Başarının en gizemli yanlarından biri şudur: *Hayatta neye ihtiyacınız olmazsa, ona daha kolay sahip olursunuz!*

Hayat bunu bankacılardan öğrenmiş olmalı; bilirsiniz, çok paraya ihtiyacınız olup da büyük bir kredi almak istediğinizde, bankalar sizin *o paraya muhtaç olmayacak kadar varlıklı olduğunuzu kanıtlamanızı isterler!*

Nedense, hayat da insanlar da çoğu kez ihtiyaç duyulmayanı daha kolay verir. Heykelinizin dikilmesine ihtiyacınız olmayacak kadar büyük işler başardığınızda, heykelinizi dikerler. Bir ödülden daha büyük olup, o ödüle ihtiyacınız olmadığı zaman, size o ödülü verirler. Haber olmaya ihtiyaç duymayacak kadar tanınır hale geldiğinizde, haberinizi yapmak için çabalarlar. Bir milyon doları önemsemeyecek kadar çok paranız olduğunda, size bir milyon dolarlık teklifler yapılmaya başlanır. Tıpkı kıyafet mağazalarının kampanyaları gibi, yazın kışlıklar ucuzdur, kışın yazlık kıyafetler!

İsrail meclisi Einstein'e ülkenin cumhurbaşkanlığını teklif etmişti. Oysa İsrail Cumhurbaşkanlığı için, ülke içinde yaşayan ve o noktayı isteyen çok sayıda insan kıyasıya mücadele ediyordu. Einstein teklifi kabul etmedi çünkü buna ihtiyacı yoktu! Eminim ihtiyacı olsaydı, teklif etmezlerdi!

Neye sahip olmak istiyorsanız, ona ihtiyaç duymayacak kadar, ondan kat be kat daha büyük hale gelin, böylece o şeyi uğruna çaba harcamadan elde edebileceksiniz. Çünkü neyi aşarsanız, neyden daha büyük olursanız o size teklif edilecektir!

Kaybetmekten en çok korktuğunuz şeyi en uzağa fırlatın, size geri dönerse sizde fazla kalmayacaktır!

İşim insanların başarı üzerine düşüncelerini düzenlemek olsa da, izninizle biraz *kafanızı karıştırmak* istiyorum! Yeni tohumların yeşermesi için, biraz kafa karışıklığı iyi gelir.

Öyküsünü girişte anlattığım Amasis zirvede yıllarını geçirdikten sonra, şaşırtıcı bir süratle ülkesini büyüten genç kral Polykrates'e başarı üzerine öğütlerini içeren bir mektup gönderir. Bu öğüt zirvede altın çağını yaşayanların başarı ezberine dipnot olarak düşmesi gereken ilginç bir fikirdir.

Heredotos anlatıyor:

"Dostum, başarıların beni sevindiriyor ama sürekli mutluluk iyi bir şey değildir. Çünkü tanrıları iyi tanırım. Onların sürekli başarı kazananlara karşı ne kadar kıskanç olduklarını da bilirim. Bu nedenle bazen başarılı, bazen başarısız bir yaşamı tercih ederim. Çünkü her işi başaran bir adamın zamanla şansının ters döndüğüne eminim. Bu nedenle, bana kalırsa kaybetmekten en çok korktuğun şeyi alıp, en uzak yere fırlat. O kadar uzağa at ki, bir daha hiç kimse onu göremesin. Şans yanında olduğu sürece hep böyle yap, böylelikle rahat edersin."

Polykrates zümrüt çerçeveli kral yüzüğünü alır. Gemiyle denizin ortasına gider. Yüzüğü denizin en derin yerine atar. Üzüntüsünü yaşamak için sarayına döner.

Birkaç gün sonra bir balıkçı büyük bir balık yakalar. Kralının sofrasına layık olduğunu düşünüp onu saraya getirir. Kral balıkçıyı sever, akşam yemeğine davet eder. Aşçılar balığı keser. Karnından yüzük çıkar. Krala getirirler. *Kaderinden kaçamamıştır.*

Hemen durumu bir mektupla Amasis'e bildirir. *Amasis kaderin onun için güçlü bir planının olduğunu anlar, kurbanları bile kendisine geri dönmektedir!* Bir mektupla artık müttefik olamayacaklarını bildirir. Kısa süre sonra Polykrates'in ülkesi büyük bir saldırıya uğrar.

Eğer kariyerinizde çok çabuk ve çabasızca yükselmeye başladıysanız, bir koyup yüz alıyorsanız, kendiniz dahi kendinizi başarısızlaştıramıyorsanız, hayat size trajikomik bir kariyer şakası hazırlıyor olabilir.

Yaşamın böyle adetleri vardır, bir insanın canını acıtmak istediğinde onu hak etmediği kadar yükseklere çıkarıp, sonra da boşlukta bırakıp düşmesini seyreder!

Yaşam bunu niye yapar?

Bilmem!

LİMİT SİZSİNİZ: KENDİNİZ KADAR BAŞARILI, KENDİNİZ KADAR BAŞARISIZ OLACAKSINIZ!

Bir vakit, su, ateş ve başarı dost olmuşlar. Birlikte eğlenirken, birden bir gün birbirlerini kaybetme ihtimali akıllarına gelmiş. Eğer birbirlerini kaybederlerse, nasıl bulabileceklerini konuşmaya başlamışlar.

Önce su anlatmış: *"Nerede bir şırıltı duyarsanız, orada beni bulabilirsiniz."*

Sonra ateşe sormuşlar: "Seni kaybedersek ne yapalım?"

"Bir duman gördüğünuz yerde, ben varım demektir," diye yanıtlamış ateş.

Sıra başarıya gelmiş. "Seni kaybedersek nereye bakalım?" diye sormuşlar.

"Beni dışarıda aramayın," demiş başarı, *"beni bulmak istediğinizde insanların içine bakın!"*

Çok kişi merak eder: Acaba ileride başarılı biri mi olacağım, yoksa başarısız biri mi? Başarılı biri olacaksam, başarım ne kadar büyük olacak?

Bunu soranlara, *"Kendi içine bak,"* derim. *"İçinde olmayan şey, dışına çıkmaz! Testinin dışına sızan, testinin içinde olandır."*

Hayatta herkes bir gün bir şekilde ederini bulur. Peki bir insan ne kadar eder? Bir insan hırsı, hayalleri, hareketleriyle hak ettiği kadardır. Bedelini ödemek pahasına istemekte ısrar ettiği kadardır. İnsan düşündükleri değil, yaptıkları kadardır. Sınırları değil, sınırlarını zorladığı kadardır. Yapamayacağını sandıkları değil, yapmayı zorladıkları kadardır.

İnsanın en değerli hazinesi, kendisidir!

İnanıyorum ki, eğer kendinizi iyi işlerseniz, başarılı olmak için siz kendinize yetersiniz. Başkalarından önce kendiniz üzerinde çalışın.

Bu hayat sizin, bu başarı sizin, *desteğine en çok ihtiyacınız olan insan* sizsiniz.

Bedeli ödeyecek olan da, ödülü alacak olan da sizsiniz.

En büyük *başlangıç sermayeniz* sizsiniz.

La Fontaine masallarından birinde, zengin bir çiftçinin oğullarına oynadığı bir oyunu, ben de kitaplarımda size oynamaya çalışıyorum. Bilge çiftçi, ölümünün yaklaştığını hissettiği bir zamanda, oğullarını hasta yatağının başına toplar. *"Tarlamızı sakın satmayın, toprağın altında hazine gömülü, ama tam olarak nerede bilmiyorum,"* der.

Baba öldükten sonra, çocukları saklı hazineyi bulmak için toprağı alt üst ederek kazar, sürerler. Hazine bulamazlar. Kazmışken bir şeyler ekerler. O tutkulu kazma sayesinde toprak o yıl hazine değerinde mahsül verir.

Çocuklar babalarının mesajını alırlar: *Hazine hayaliyle tutkuyla çalıştılar, hayat da onları hazine değerinde ödüllendirdi.* Asıl hazine, bu dersin kendisidir.

Siz kendinizin tarlasısınız; kendinizi *kullanım kılavuzunuza* uygun kullandıkça, kendinizi işlemek için daha fazla zaman harcadıkça, kendinize yatırımlarınızı artırdıkça kendinizden alacaklarınız artacak, bu da kendinize inancınızı artıracak.

En büyük hazineniz, sizsiniz. *Fırsatları dışarıda ve başkalarında arayıp bulamıyorsanız, biraz da kendinize dönün, belki de aradığınız içinizdedir!*

Kalıcı değişimler içten dışa doğrudur,
güzel olan şeyler önce içte başlar.

Kimsenin olmadığı bir yere çekilin ve kendi içinizi kazmaya başlayın. Büyük başarı imparatorluğunuzun sağlam temellerini içinizde atarak işe başlamalısınız.

Başarı önce içte başlar, sonra dışa yayılır. İçte başaramadığını, dışta da başaramaz insan. İşe içten başlamalı bu yüzden. *Önce iç dünyayı düzenlemeli. Çünkü insanın içi değişirse, dışı da değişir.* Hemen olmaz ama *bir gün, bir şekilde* olur. Kalıcı değişimler içten dışa doğrudur, güzel olan her şey önce içte başlar.

Başınıza iyi bir şeyin gelmesi, hayatın önünüze güzel bir şeyler getirmesi şanstır. Sizin kendiniz için iyi olanı içinizde tasarlayıp dışınızda gerçekleştirmeniz ise başarıdır. Yeterince şanslı olmadığınız için sızlanmayı mı, yeterince başarılı olmak için kendinizi desteklemeyi mi seçiyorsunuz?

Kendi değişiminizi hafife almayın. *Bir insan değişince, etkisinin nerede biteceği bilinemeyecek bir süreç başlar.* Belki bir aile değişir, belki bir şehir, belki bir ülke.

İnsan tıpkı yüksek atlamacılar gibi, atmalı kendini yapamayacağını sandıklarının ötesine. Belirli aralıklarla daha önce yapamayacağını düşündüğü bir şey yapmalı. Sınırlarını yiyerek beslemeli cesaretini. Aşmalı kendini, uçmalı limitlerinin ötesine, gitmeli gidebildiği kadar…

Her şey sizinle başlar, çok şey sizde biter. Limitiniz sizsiniz.

Kendiniz kadar başarılı, kendiniz kadar başarısız olacaksınız.

Tıpkı Can Yücel'in şiirinde dediği gibi: *Her Şey Sende Gizli!*

Yerin seni çektiği kadar ağırsın,
Kanatların çırpındığı kadar hafif.
Kalbinin attığı kadar canlısın,
Gözlerinin uzağı gördüğü kadar genç...
Sevdiklerin kadar iyisin,
Nefret ettiklerin kadar kötü...
Ne renk olursa olsun kaşın gözün,
Karşındakinin gördüğüdür rengin.
Yaşadıklarını kâr sayma:
Yaşadığın kadar yakınsın sonuna; ne kadar yaşarsan yaşa,
Sevdiğin kadardır ömrün...
Gülebildiğin kadar mutlusun.
Üzülme, bil ki ağladığın kadar güleceksin
Sakın bitti sanma her şeyi,
Sevdiğin kadar sevileceksin.
Güneşin doğuşundadır doğanın sana verdiği değer

Ve karşındakine değer verdiğin kadar insansın.
Bir gün yalan söyleyeceksen eğer;
Bırak karşındaki sana güvendiği kadar inansın.
Ay ışığındadır sevgiliye duyulan hasret,
Ve sevgiline hasret kaldığın kadar ona yakınsın.
Unutma yağmurun yağdığı kadar ıslaksın,
Güneşin seni ısıttığı kadar sıcak.
Kendini yalnız hissettiğin kadar yalnızsın
Ve güçlü hissettiğin kadar güçlü.
Kendini güzel hissettiğin kadar güzelsin.
İşte budur hayat!
İşte budur yaşamak,
Bunu hatırladığın kadar yaşarsın
Bunu unuttuğunda aldığın her nefes kadar üşürsün
Ve karşındakini unuttuğun kadar çabuk unutulursun
Çiçek sulandığı kadar güzeldir,
Kuşlar ötebildiği kadar sevimli,
Bebek ağladığı kadar bebektir.
Ve her şeyi öğrendiğin kadar bilirsin,
sevdiğin kadar sevilirsin...

Başarı her gün kendini yenebilmeyi gerektirir. Her gün yolunuza, iki seçenekli bir yol ayrımı çıkacak. Birini seçmeniz sizi başarıya götürecek, diğeri başarısızlığa.

Başarısızlığa götüren yollar daha kolay yürünür olacak. Her gün kendinizi yenmeli, başarıya götüren yolu seçmelisiniz. Başarıya götürebilecek ihtimallere (b)akın. Benim okuruma kitaplara girecek işler başarmak yakışır.

Eğer içinde büyük bir iş başarma güdüsüyle doğmuşsan, kendine büyük bir hayat yaşatmak boynunun borcudur.

Eğer içinizde büyük bir iş başarma güdüsüyle doğmuşsanız, kendinize büyük bir hayat yaşatmak boynunuzun borcudur. Kendi kapasitenize ihanet edemezsiniz. Yapmak için doğduğunuz şeyi görmezden gelemezsiniz.

Bir hayal peşinde giderken kendinizi hayal kırıklığına uğratma ihtimaliniz vardır ama korkudan hiçbir şey yapmayıp olduğunuz yerde durmak da kendinizi "garantili" hayal kırıklığına uğratmaktır. Hiçbir şey yapmadan durursanız korkudan harekete geçmediğinizin *farkında olacak,* kendinizi asıl o zaman hayal kırıklığına uğratacaksınız.

Kendi kanatlarıyla uçmak zamanı geldiğinde hatırlayın ki;

Kendi kanatlarıyla uçmak, aynı yerde yeterince beklediğini düşünmektir.

Kendi kanatlarıyla uçmak, ötelerde bir yere gitmeyi delice istemektir.

Kendi kanatlarıyla uçmak, kanıtsız bir emin olma duygusuyla ileri atılmaktır.

Kendi kanatlarıyla uçmak, kapasitesini zorlayarak gücünün sınırlarını öğrenmektir.

Kendi kanatlarıyla uçmak, içindeki sesin çağrısına daha fazla kayıtsız kal(a)mamaktır.

Kendi kanatlarıyla uçmak, *başkalarına sadık olmak adına, yapmak için doğduğu şeye ihanet etmemektir.*

Bizim işimiz, işimizi iyi yapmaktır. Bana öyküsü yazılmaya değer bir iş başarabilir misiniz?

Yüreğinizde kök salarsam, meyvelerim sizindir.
Shakespeare

Başarmak için yaşayan insanları çok severim. Başarı merkezli yaşayan insanların en çok okuduğu yazarlardan biri olmak, dünyayı değiştirebilecek insanların dünyasını değiştirebilmek benim için büyük bir onur.

Benim okurlarım *kişisel kurtuluş savaşını* başlatmış, başarının *öğrenilebilir* olduğuna inanan, başkalarını *suçlamayı değil her şart altında sonuç almayı* seçen, *"kendin başarılı yap kendini"* felsefesini takip eden insanlardır. Sloganları *"Her şey benimle başlar!"* dır.

Onlar önce kendilerini, sonra şirketlerini, sonra ülkelerini, sonra insanlığı büyütecek işler başarmak için çalışan insanlar. *Güçlerini, işlerini iyi yapma becerilerinden alan, bir işi herkesten iyi yapmaya çalışan insanlar. Bizim işimiz, işimizi iyi yapmaktır. Gücümüz işimizi iyi yapmaktan gelir.* İş'levimiz kadar değerli olduğumuzu unutmamaya kendine söz vermiş insanlarız biz.

Bu ilişkide benim görevim, başarılı olmak için ihtiyaç duyulan bilgi, teknik ve taktikleri sizlere sunmak, sizlerin görevi ise bu bilgileri öğrenip kendi aklınızı da ekleyip gündelik hayatınıza uygulayarak başarılı sonuçlar almak. En sonunda da o sonuçlardan beni haberdar etmek!

Yani çok "başarılı" bir birlikteliğimiz var! Ben başarının "kitabını yazıyorum", sizler de kitaplara girecek büyüklükte işler başarmaya çalışıyorsunuz. *Gelecekte bir kitabımda sizin de başarı öykünüze yer vermek benim için büyük mutluluk kaynağı olacak.*[15]

Yaşlarımız, siyasi tercihlerimiz, sosyal sınıflarımız, yaşam tarzlarımız, cinsiyetlerimiz, eğitim seviyelerimiz farklı farklı ama bizi bir (a)raya getiren şey büyük işler başarma tutkumuz. Eğer içinizde güçlü bir başarılı olma isteği varsa, sizi de aramıza bekleriz!

Helen Keller der ki: *"Ben bir kişiyim ama gene de biriyim. Her şeyi yapamam ama gene de bir şeyler yapabilirim. O yapabileceğim bir şeyleri yapmayı asla reddetmeyeceğim."* "Her şey seninle başlar" felsefesinin temeli budur.

Eğer kendiniz ya da sevdikleriniz için yapabileceğiniz bir şey varsa; başka bir gün değil bugün, daha iyi imkânlara ulaşınca değil mevcut şartlarda, kendini iyi hissetmeye başladıktan sonra değil o anki hisleriyle, dışarıdan destek gelecekmiş gibi değil, hiç kimse yardım etmeyecekmiş gibi düşünerek yerinden kalkmak ve yapılması gerekeni yapmak gerekir. Muhtaç olduğunuz güç içinizde, ihtiyaç duyacağınız bilgi ise ulaşabildiğiniz yerlerde mevcuttur. Tutkunuzu, tekniğinizi ve cesaretinizi topladığınızda kesinlikle daha ağır olacaksınız.

Ya ışığın kaynağı ol ya da ayna ol, ışığı yansıt!

Başarısızlık karanlığa benzer, hep vardır. Başarı ise ışık gibidir, kendini var etmek için bir enerji kaynağına, kendini çoğaltmak için de aynalara ihtiyaç duyar. Her kitap bir ışıktır ve ışığın gücünü yaymak için aynalar da gerekir. İdeal okur, ışığın kaynağına ayna olup, onu çevresindeki karanlık bölgelere yönlendirendir.

Bir gün, konferansıma gelen bir kadın şöyle demişti: *"Sizin konuk olduğunuz TV programlarını bir yıl boyunca takip ettim. Söylediklerinizden en beğendiğim cümleleri bir kağıda yazıp, o gün buzdolabının kapağına asıyordum. Akşam eşim ve çocuklarım gelince o sözleri okuyor, çok beğeniyorlardı. Adını, "annemin başarı gazetesi" koymuşlardı. Çok teşekkür ederim size!"*

Kendini sadece çocuklarının karnını doyurmakla görevli saymayan, aile bireylerinin *beynini başarı bilgisiyle nasıl doyurabileceğini de* düşünen, çocuklarına başarı baskısı yapmadan zekice bir yaklaşımla onlara başarıyı sevdiren bu kadına ben de hayran kaldım. *Kendimi onun buzdolabının kapağına asacağı cümleler kurmakla sorumlu hissediyorum!*

Hepimiz mum olup kendimizi yakarak dünyayı aydınlatmak zorunda değiliz, bazılarımız da ayna olup aldığımız ışığı yayarak onu çoğaltabiliriz. O kadın böyle bir aynaydı. Siz de bu kitabın aynası olmak ister misiniz?

Tabak sevdiği deriyi yerden yere çalarmış!

Son sözüm incinmeden ve incitmeden ilerle(t)mek üzerine. Bir atasözü, *"Tabak sevdiği deriyi yerden yere çalarmış!"* der. Anlamı, deriyi şekillendiren usta (tabak), sevdiği ve potansiyel gördüğü deriyi yerden yere çarpar, ondan en iyi giysiyi çıkarmak için onu daha çok zorlarmış!

Ben de okurlarımda çok büyük potansiyel gören biriyim! Bu yüzden kitap içinde bazen sınırınızı zorlamış, sizi yerden yere çalmış olabilirim. Sert yaptıysak sebebi sizi sevmemizdi! Anladınız siz beni:)

Ruhunuza dar gelen bir hayattan sıkıldıysanız, kendinize özgür, mutlu ve başarılı bir hayat armağan edin. Bu bencillik değildir, dünyanın iyiliği için böyle yapıyorsunuz. *Dünyadan bir başarısızı eksilttiğinizde, dünya daha iyi bir yer olacak!*

Artık veda vakti. Kitap bitti ama hayat akmaya devam ediyor.

Yönünüz belli, iradeniz kuvvetli, kanadınız kudretli olsun. Yürüdüğünüz yolda iz kalsın. İnsanlar sizi "işini iyi yapan biri" diye ansın.

Bir gün, bir şekilde, zirvede bir yerlerde görüşmek dileğiyle.

Aklınız açık olsun!

MS

NOTLAR

1 Hintli bir dostumla sohbet ederken söylemişti. "Dünya malı dünyada kalır"ın Hintçe meali olsa gerek.
2 Seinfeld dizisinde yapılmış bir espriden üretilmiş bir düşüncedir.
3 Aktör arkadaşım Tamer Karadağlı'nın kızı Zeyno da bir Teksaslı olarak kendi işini kendi halletmeyi çok sever. Yere düşen oyuncağını alıp ona veremezsiniz, tekrar yere atıp gidip kendi alır! Sonra size getirip oynamayı teklif eder.
4 Beydaba'nın yazdığı Kelile ve Dimne çok eski bir Hint öykü kitabıdır. Kitap öykü ormanı gibidir; öykü içinde öykü anlatılır. Bu öyküyü alırken aslına sadık kaldım ancak kitabın konseptine göre öyküyü biraz detaylandırdım ve yorumladım.
5 'Sıcak soğuk yapmak', son dönemde yeni yetmelerin kullandıkları bir deyimdir. Bir ilişkinin başında sevgili adayına önce çok yoğun ilgi gösterip, sonra bir süre ilgilenmeyip, sonra tekrar ilgilenip, sonra tekrar ilgisizleşip şaşırtmaya deniyor.
6 Sezen Aksu'nun o dönemdeki en yakın arkadaşıyla tanıştığımda, ona bunu da sordum. Her başarısızlığın Aksu'nun umutlarını kırdığını ama (u)mutsuz halde de olsa çalışmaya devam ettiğini söyledi. Bazı insanlar başarıya giderken hep pozitif ruh durumunda olmaları gerektiğini düşünür. Oysa zirvede gördüğüm insanların çoğu, ilk başladıklarında büyük hayal kırıklıkları, ağır depresyonlar, yoksulluk ve (u)mutsuzluk halinde bile çalışmaya devam eden insanlardı. İnsan sadece pozitif veya negatif düşündüğü için değil, başarının gereğini yaptığı için başarır. Hele bir pozitif düşünüp, mutlu olayım, o zaman başarılı olacağım diyenlere duyurulur!
7 Anlattığına göre henüz "bebekken" dansçı (dansöz) olmak istiyormuş ama, "Allah annem ile babamın yüzüne baktı, sonradan bu sevdamdan vazgeçip şarkıcılığa geçtim!" diyor.
8 Elif Ergu röportajı/Vatan Gazetesi
9 Yosun Akverdi / Jetlife
10 Bu konuda detaylı bilgi için "Kişisel Ataleti Yenmek" adlı kitabım okunabilir.
11 Tahmini birkaç örnek! "On parmak daktilo" Necmiye! "Rövaşatacı" Resül! "Google atmacası" Ertan! Acaba lakap takma kültürümüz bu geleneğin halen gizlice yaşadığını gösteriyor olabilir mi?

12 Türk halk kültüründe de bal üzerine ilginç sözler vardır. Pir Sultan Abdal bir Koşma'sında "Ben arıyım dersin, balın var mı?" diye sorar. Nazima, "Arının evini yıkan, balın tatlılığıdır," der. Aşık Veysel, "Peteksiz arının balı yalandır," der.

13 En hafif gazete başlıklarından birkaçı: "Bir taşra avukatlık ofisini bile yönetemediği halde başkan olan adam!", "Eşek suratlı şeytan!", "Beyaz Saray salağı!", "Tarih onu affetmeyecek!", "Orada oturan en beceriksiz başkan!" İnsanların çıkarlarına dokunduğunuzda aniden düşman olmaları ilginçtir. Köleliği kaldıran Lincoln bir suikastçı tarafından öldürüldü. Doğru bildiğini *geniş kitlelerin çıkarına ters düşse dahi* yaptığı ve *insanlığın ilerleyiş yolu üzerindeki bir engeli kaldırdığı için* bugün "büyük" bir devlet adamı kabul edilmektedir. Politikacılar kitlelerin istediklerini yapmaya, devlet adamları ise *istemeleri gerekeni* onlara vermeye çalışır! Çayın rengi ve tadı nasıl demlendikçe çıkarsa, büyük insanların şöhretinin rengi ve tadı da tarihte bekledikçe kendini gösterir.

14 Ambrose Bierce'in "Karanlığın Kahkahası" adlı kitabından alınmıştır.

15 Gerçekten de bir gün böyle bir kitap yazılacak. MS kitapları okuyarak başaranların, diğer okurlara ve insanlara örnek olacak öykülerine yer verilecek. Sayfanız hazır, siz de öykünüzü hazırlamaya başlayın.

LİMİT SİZSİNİZ

Limit Sizsiniz, kendi kanatlarıyla uçmak isteyenler içindir. "Önce kendi kanatlarına güven" der, "büyük başarı kalpten gelir, beyinde büyür, ellerden hayata akar!" Dışımızdaki limitler, içimizdekiler kadar büyür ya da küçülür. Kafesten çıkınca değil, kafesi kafamızdan çıkarınca özgürleşiriz. Baş+arı: "Baş" olmak için "arı" gibi çalışma gerekir! İnsanlar üçe ayrılır: Gerçekten başarılılar, başarılıyım diye geçinenler ve başarılı insanlar üzerinden geçinenler!

HER ŞEY SENİNLE BAŞLAR

Çaresizlik öğrenilmiştir.Başarılı olmak da öğrenilebilir. Sende sandığından fazlası var! Gelebileceğin en iyi yerde değilsin. Yeni bir hayat için gereken, yeni bir akıldır. Doğru şeyi yapmak için yanlış zaman yoktur. Rüzgârı suçlamayı bırak, yelkenleri kullanmayı öğren! Seyirci koltuğundan sıkıldıysan, sahneye çık. Zirvede her zaman bir kişiye daha yer var. Başkaları yapabildiyse, sen de yaparsın. Her şey seninle başlar! Hayatta ya tozu dumana katarsın, ya da tozu dumanı yutarsın. Seçim senin! (HŞSB Türkçe'deki en çok satan sosyal başarı kitabıdır.)

YA BİR YOL BUL YA BİR YOL AÇ

"Ya Bir Yol Bul, Ya Bir Yol Aç, Ya da Yoldan Çekil", hayat amaçlarını profesyonelce belirlemek, hayatını planlamak ve kontrol altına almak isteyenler için hazırlanmıştır. Kişisel potansiyeli tam olarak kullanabilmek, hayatının yönünü ve yolunu bulmak isteyenler için hazırlanan kitabın amacı, telkin vermek değil, teknik öğretmek. Bu kitap, başarı yolculuğunda; yola çıkmak isteyenlere, daha iyi bir yol arayanlara, çıkmaz sokağa girmiş olanlara kılavuzluk edecek bir başarı haritasıdır.

KİŞİSEL ATALETİ YENMEK

Başarılı biri olmak için neler yapmanız gerektiğini biliyorsunuz. Bunları niçin yapmanız gerektiğini de biliyorsunuz. Yapmamakla neler kaybettiğinizi, yaparsanız neler kazanacağınızı da biliyorsunuz. İsterseniz nasıl yapabileceğinizi de biliyorsunuz. Buna karşın yine de yapmıyorsunuz! Sizi durduran nedir? ATALET! Bu kitapta, hem atalet (eylemsizlik) hali analiz ediliyor hem de atalet haline son vermek için çözümler sunuluyor. Ataleti yenmek üzerine yazılmış Türkçedeki ilk ve tek kitap.

TÜRK USULÜ BAŞARI

Alanında ilk ve tek olan "Türk Usulü Başarı", Türk kültürünün kendine özgü başarı anlayışını analiz etmektedir. Üç yıl süren bir araştırma ile, "Türk Başarı Kültürü" ile ilgili tarihi belgeler, istatistiki bilgiler, halen yaşayan başarılı kişilerin görüşleri, ilgili akademik araştırmalar ve geliştirilen özel anketlerle tespit edilen kamuoyu görüşleri bir araya getirilmiştir. Türkiye şartlarında başarılı olmak için neleri bilmek, nasıl biri olmak, hangi kurallara uymak gerekiyor? Başarının "made in Turkey" kuralları bu kitapta.

KESİNTİSİZ ÖĞRENME

Kesintisiz Öğrenme, "bilgi, öğrenme, başarı," üçgeninde bir insanın neyi, nasıl yapması gerektiğini anlatıyor. "Öğrenmeyi öğrenme" kavramının anlatıldığı bu kitapta daha hızlı, daha kolay ve daha kalıcı öğrenebilmek için kullanabileceğiniz teknik ve stratejileri bulabilirsiniz. "Hayat okulunda en çok lazım olan bilgiler, okul hayatında öğretilmeyenlerdir." diyenler bu kitapta yaşadıkça öğrenme ilkelerini bulabilecekler. Daha başarılı öğrenmek ve öğrenerek başarmak isteyenlere...

BAŞARI ÜNİVERSİTESİ

Başarı Üniversitesi'nin konusu, başarılı bir öğrenci olmak!Lise öğrencileri ve üniversite adayları için yazılan bu kitapta, 'Hayat okulunda başarı' üzerine yazdığı kitaplarıyla tanınan Mümin Sekman, 'Okul hayatında başarı' üzerine görüşlerini açıklıyor. Üniversite sınavını kazanmak! Hayatın ilk büyük unvan maçına hazır mısın? Baskı altında sakin kalabilecek misin? Derslere konsantre olabilecek misin? Kendi kendini motive edebilecek misin? İrade gücünle kendini çalıştırabilecek misin? Sınav kaygısıyla nasıl başaçıkacaksın? Yeterince verimli öğrenebiliyor musun?

İNSAN İSTERSE: AZMİN ZAFERİ ÖYKÜLERİ SERİSİ

Büyük hayalleri, küçük hayatları vardı.
Hayallerinin verdiği umutla yola çıktılar.
Başlangıçta tek sermayeleri cesaretleriydi.
Paraları yoktu. Çevreleri yoktu. Zorluk çoktu.
Çevredekiler "senden bir şey olmaz" derken,
Küçük imkanlarla büyük engelleri aştılar.
Çoğu kez yenile yenile yenmeyi öğrendiler.
Azmettiler, pes etmediler, başardılar.

Kigem ekibi azmin gücüyle sıfırdan zirveye çıkanların,
Okuyana güç veren başarı öykülerini araştırdı, yazdı.

Mümin Sekman'ın danışmanlığında hazırlanan İnsan İsterse dizisi yeni kitaplarla "azmin zaferi öyküleri" anlatmaya devam edecek.